O TURISMO DE SAÚDE

Uma visão da hospitalidade médica mundial

Dados Internacionais de Catalogação na Publicação (CIP)
(Câmara Brasileira do Livro, SP, Brasil)

Godoi, Adalto Felix de
  O Turismo de Saúde / Adalto Felix de Godoi. --
São Paulo : Ícone, 2009.

  ISBN 978-85-274-1061-8

  1. Turismo médico I. Título.

09-09310   CDD-613.122

        Índices para catálogo sistemático:

     1. Turismo médico   613.122
     2. Turismo de saúde 613.122

Adalto Felix de Godoi

O TURISMO DE SAÚDE

Uma visão da hospitalidade médica mundial

© Copyright 2009.
Ícone Editora Ltda.

Projeto Gráfico de Capa
Richard Veiga

Diagramação
Andréa Magalhães da Silva

Revisão
Rosa Maria Cury Cardoso

Proibida a reprodução total ou parcial desta obra,
de qualquer forma ou meio eletrônico, mecânico,
inclusive através de processos xerográficos,
sem permissão expressa do editor
(Lei nº 9.610/98).

Todos os direitos reservados pela
ÍCONE EDITORA LTDA.
Rua Anhanguera, 56 – Barra Funda
CEP 01135-000 – São Paulo – SP
Tel./Fax.: (11) 3392-7771
www.iconeeditora.com.br
e-mail: iconevendas@iconeeditora.com.br

SOBRE O AUTOR

Adalto Felix de Godoi, com formação na área de Hospitalidade e MBA em Gestão Empresarial pela USP, atua há vinte anos na área de saúde especialmente no atendimento a clientes e treinamento de profissionais de saúde. É também professor universitário, palestrante e publica periodicamente artigos abordando a administração, hotelaria e humanização hospitalar.

Índice

Apresentação, 9

1 - Entendendo o que é o turismo médico e o turismo de saúde, 13
   Tipologia do turismo médico, 19
   Estados Unidos: o maior mercado para o turismo médico atualmente, 22

2 - Uma atividade que extrapola as fronteiras dos países desenvolvidos e em desenvolvimento, 25

3 - Entendendo as origens e a evolução do turismo médico na história, 35
   Evolução dentro do ambiente doméstico e internacional, 37
   A importância econômica e social do turismo médico, 41
   Riscos e questões legais no turismo médico, 45

4 - Características internacionais do turismo médico, 47
   Tamanho do mercado do turismo médico mundial, 48
   Profissionais especializados que atuam no segmento, 49
   Aspectos culturais e riscos no turismo médico, 53
   Sistemas de Certificação e sua importância para o turismo médico, 55

5 - As motivações econômicas do turismo e da saúde que influenciam o turismo médico, 57
   A importação e exportação de serviços de saúde no turismo, 59
   A economia numa sociedade baseada em serviços, 62
   O efeito *linkage* e o multiplicador de renda no turismo, 65
   Mercado de nichos, 67
   Aumento da demanda por serviços médicos no mundo, 68
   Características importantes da demanda por serviços médicos, 72
   Internet – uma ferramenta poderosa, 74
   Divulgação do turismo de saúde em outros países, 75

6 - Motivações determinantes do turismo médico no mundo, 77
   A hotelaria hospitalar dentro do turismo de saúde, 84
   A atual baixa competitividade brasileira no turismo médico internacional, 86

7 - Países que atuam no turismo médico mundial e características que o diferenciam dos demais, 91

8 - Principais facilitadores do turismo médico internacional, 103

Bibliografia, 109

Apresentação

O turismo médico está sendo reconhecido por profissionais e autoridades governamentais como um dos mais promissores segmentos dentro da medicina moderna para muitos países em desenvolvimento e mesmo alguns considerados de primeiro mundo, devido o crescente volume de pacientes de outros países que viajam para tratamento médico. O aumento do custo da saúde nos Estados Unidos e na Europa, tem levado cada vez mais pessoas a avaliarem a possibilidade de realizar algum procedimento médico em outro país e não onde reside. Embora seja conhecido internacionalmente como "turismo médico" e em outros países como "turismo de saúde", a atividade está relacionada mais à medicina que necessariamente ao turismo, sendo a relação com o turismo apenas a viagem e as atividades complementares ao tratamento médico, que antecedem ou ocorrem posteriormente ao tratamento.

Apesar dos riscos à saúde do paciente-viajante e implicações legais envolvidas na relação paciente-médico-hospital sujeita a erros e insatisfações, a atividade tem crescido de forma sustentável levando governos de vários países a desenvolverem uma estrutura de apoio e divulgação dos hospitais que desejam atrair essa demanda internacional. Hospitais em todo o mundo têm se preparado, divulgado e buscado certificar-se com organismos internacionais, procurando atestar a qualidade dos seus serviços e transmitir a mensagem de que podem oferecer o mesmo padrão de qualidade que os estrangeiros recebem em seu país de origem, com um custo muito menor.

Especialmente devido ao alto custo da saúde nos Estados Unidos, o país tornou-se o maior emissor internacional de pacientes. Como resultado, foi despertado o interesse de empresas e seguradoras americanas que ávidos por reduzirem seus custos com a saúde dos seus funcionários e associados, têm estimulado e até financiado tratamentos em outros países. Algumas seguradoras estudam estender sua rede credenciada a hospitais em países cujo valor do tratamento é um percentual do custo americano, pagando inclusive as despesas de um acompanhante, outras já reembolsam despesas realizadas em países fronteiriços.

Algumas questões têm sido levantadas como a dificuldade de processar médicos e hospitais que cometerem erros que resultarem em danos ao paciente, causando transtornos devidos os diferentes sistemas jurídicos dos países envolvidos. Outros problemas podem ser a distância, hábitos alimentares diferenciados e a relação com atividades turísticas agressivas que interfiram no tratamento e que têm sido discutidos pelos profissionais da área. São barreiras que parecem não interferir na decisão de procurar outros países para praticamente todo tipo de tratamento programado ou não emergencial.

Embora não seja um fenômeno novo, as viagens em busca de tratamento médico sempre existiram na história humana. O que há de novo é a utilização do turismo como complemento do tratamento com atividades culturais e de lazer, indo além da utilização da estrutura turística de transportes, hospedagem e alimentação. Além da diáspora, inicialmente, muitas pessoas aproveitavam suas viagens turísticas e realizavam alguma intervenção médica, divulgando os resultados obtidos e preços reduzidos. Com o passar dos anos, as viagens para tratamento foram complementadas com atividades turísticas, enquanto o paciente aguardava o período de recuperação. Atualmente, é cada vez maior o número de pessoas que procuram realizar um tratamento em outro país, adquirindo pacotes onde as atividades turísticas preenchem o tempo livre.

Atualmente, já é possível encontrar numerosos guias, indicadores profissionais e agências que estão se especializando em atender essa clientela seleta. Profissionais e agências conhecidos como facilitadores, oferecem todo o suporte para que seu cliente encontre o hospital e o médico ideal em outro país. Hospitais conhecidos como provedores oferecem seus serviços médicos e infraestrutura hospitalar para que o objetivo principal do cliente seja atendido, e agências receptivas procuram atender todas as necessidades do cliente no país que este escolheu, inserindo inclusive as atividades turísticas no período de recuperação.

O propósito deste livro é mostrar o que é o turismo médico, quais são os principais países que estão se beneficiando dessa atividade, especialidades que dominam, e sua importância atual no contexto da saúde e do turismo. Apresenta também uma análise social e econômica do turismo médico, explicando esse fenômeno, dimensionando a oferta e demanda e avaliando as perspectivas futuras para o Brasil e o resto do mundo. É também um guia ao informar quais são os principais países, especialidades e características da atividade no segmento. Apresenta também uma lista com dados de contatos essenciais sobre os principais facilitadores que atuam no mercado internacional, servindo de referência a profissionais e interessados em conhecer e entrar em contato com esse universo da saúde e do turismo.

Capítulo 1

ENTENDENDO O QUE É O TURISMO MÉDICO E O TURISMO DE SAÚDE

Pode parecer estranho para muitas pessoas especialmente em países com uma forte influência da cultura americana, saber que a Índia é detentora de tecnologia de ponta em algumas áreas da medicina, que a Tailândia possui modernos e luxuosos hospitais, ou que o México realiza delicados procedimentos cirúrgicos e odontológicos em um número cada vez maior de pacientes americanos. Normalmente, como ocorre com países em desenvolvimento, a imagem veiculada pela mídia e associada a esses países é de pobreza, crianças carentes, favelas em muitas cidades, infraestrutura urbana deficiente e governos ainda incapazes de lidar com muitos dos problemas básicos de saúde pública já superados na maioria dos países. Ao contrário do que muitos imaginam, complexas cirurgias cardíacas têm sido realizadas rotineiramente na Índia, delicadas cirurgias ortopédicas na Tailândia, e cirurgias oculares e ortodônticas são feitas com grande frequência no México com índices de sucesso muitas vezes superiores aos de países considerados desenvolvidos.

Trata-se de uma mudança de paradigma, ocorrida nos últimos anos com o acesso e a universalização do conhecimento na área da saúde, com participação internacional em pesquisas e aquisições de equipamentos médicos de alta tecnologia, que tornaram vários países menos desenvolvidos em centros de excelência em diversas áreas da medicina. Antes, uma característica dos países altamente desenvolvidos, hoje se tornou uma realidade que tem atraído nos últimos anos a atenção de acadêmicos, governantes, empresários e da mídia internacional. É uma tendência crescente e irreversível, que se tornou realidade com a globalização, aumentando a sua influência e abrangência nos últimos anos.

Embora seja conhecido na maior parte do mundo como "Turismo Médico", a expressão "Turismo de Saúde" também é encontrada em diversos livros dependendo do tema abordado. No Brasil a definição mais utilizada atualmente tem sido a de "Turismo de Saúde" com uma ênfase cada vez maior na expressão "Turismo Médico". A definição "Turismo de Saúde" é a mais adequada em alguns momentos por ser mais abrangente e relacionar-se também a outros tipos de tratamento que não exigem uma intervenção médica, como subentendido no turismo médico. Ambas as terminologias estão corretas, sendo que a expressão "saúde" envolve atendimentos e tratamentos que extrapolam o ambiente hospitalar e o cuidado médico. Muitos que procuram alguma forma de cura ou alívio sequer entram em contato com médicos, voltando-se para atividades ligadas ao bem-estar, a atividades esotéricas e espirituais. O turismo médico subentende alguma intervenção médica ou ação que ocorra dentro de um ambiente hospitalar ou assistido por algum médico. Por responder pela maior parte do fluxo atual de viagens para tratamento, tornou-se a terminologia mais utilizada em conformidade com o que já ocorre em outros países.

O turismo médico tem sido amplamente entendido como sendo um conjunto de serviços de alto valor agregado, composto por viagens que visam alguma forma de tratamento médico ou de recuperação da saúde. Trata-se de uma atividade econômica que envolve dois importantes setores, o da saúde e o do turismo, resultando no surgimento de um novo mercado internacional de trocas de serviços de saúde e de bem-estar. Há algumas décadas atrás o fluxo de pessoas em busca de tratamento médico era de países menos desenvolvidos para os mais desenvolvidos que detinham a tecnologia e o *expertise*[1] para tratar principalmente casos complexos e de alto risco. Ironicamente, nos últimos anos a situação foi invertida com um número a cada ano maior de pessoas com destino a países antes desconhecidos com os mesmos objetivos de tratamento.

O turismo médico pode ser definido como sendo "a viagem de uma pessoa a outro país em busca de tratamento, de cuidado médico ou bem-estar físico, psicológico e espiritual, normalmente associado a benefícios econômicos, podendo ou não envolver atividades turísticas,

---

[1] Conhecimento técnico e/ou experiência.

culturais e de lazer". De acordo com Jagyasi (2008, 9). "Turismo médico é o conjunto de atividades em que uma pessoa viaja uma longa distância ou cruza uma fronteira, para obter serviços médicos com envolvimento direto ou indireto em lazer, negócios ou com outros propósitos". Andrade (1999: 76) define turismo de saúde de forma direta como "o conjunto de atividades turísticas que as pessoas exercem na procura de meios de manutenção ou aquisição de bom funcionamento e sanidade de seu físico e de seu psiquismo."

Embora os objetivos sejam os mais diversos dentro do espectro de possibilidades que o segmento de saúde apresenta, a maior parte das viagens realizadas atualmente volta-se para alguns procedimentos médicos que são os mais procurados, como ortodontia, cirurgia plástica, ortopedia e cirurgia cardiovascular. Em países como a Índia, pratica-se também a chamada medicina do "bem-estar" sem a intervenção médica e arraigada nos costumes e cultura do povo. Apesar da multiplicidade de justificativas apresentadas pelos que viajam, é possível identificar o que está levando milhões de pessoas a deixarem seus países, reconhecidos internacionalmente pela competência médica e avanços tecnológicos e fazendo um caminho inverso incrementando o turismo médico internacional.

Assim, o que tem levado milhões de pessoas a viajarem para outros países em busca de tratamento médico nos últimos anos? Os motivos são os mais diversos, dentre eles estão:

- **Falta de um convênio ou seguro médico que custeie as despesas médicas e/ou hospitalares.** Quando é o paciente que arca com os custos do tratamento de forma integral, este tende a avaliar alternativas de risco, custo e benefício, principalmente quando os valores cobrados, onde reside, são proibitivos.
- **Inexistência de cobertura pelo convênio ou seguro médico para o procedimento solicitado.** Muito comum em países como Estados Unidos, são pacientes que não contrataram determinados procedimentos ou receberam a negativa de cobertura do seu plano de saúde. Mesmo diante de embates judiciais a urgência do tratamento pode obrigar a busca de uma alternativa, em muitos casos de menor custo em outro país.
- **A redução de custo ou economia com o procedimento.** Embora tenha o tratamento disponível em seu país, os valores cobrados podem ser exorbitantes ou proibitivos para uns, e estimular a busca de uma alternativa menos dispendiosa para outros. Muitos americanos

tiveram que refinanciar seu imóvel ou vender bens para custear alguma cirurgia ou tratamento médico.
- **Rápida realização do procedimento.** Com o aumento da demanda por serviços médicos, vieram as inevitáveis filas e longas esperas para a realização de determinados procedimentos de alta complexidade. Um luxo para alguns pacientes, devido o estado avançado da doença que o acomete ou da gravidade do seu caso. Evita-se, assim, uma longa espera que pode agravar o quadro ou interferir no processo de recuperação.
- **Restrições do sistema de saúde local, de infraestrutura e/ou legais.** Muito embora haja praticamente todo tipo de tratamento disponível nos países avançados, às vezes não é exatamente o que o paciente precisa ou deseja. Restrições impostas por órgãos governamentais muitas vezes não permitem procedimentos experimentais ou que não tenham sido aprovados por organismos reguladores em seu território, estimulando a viagem a outro país onde este é realizado livremente. O mesmo pode ocorrer quanto há falta de profissionais qualificados, estruturais ou outros motivos. Alguns tratamentos desejados podem não ser recomendados por médicos, desafiando a medicina, buscando métodos pouco convencionais ou sem comprovação científica.
- **Conciliar turismo e tratamento médico.** Muitos aproveitam as férias ou outros períodos longos de descanso para viajarem e fazerem algum tipo de procedimento estético. Nesse caso, a intervenção médica é espontânea e programada para coincidir com períodos de ócio do turista. Há turistas que aproveitam a oportunidade durante as férias estimuladas por amigos, não tendo, no entanto, planejado ao iniciá-la.
- **País ser referência internacional em determinada especialidade com intervenção de qualidade similar ou superior à local.** Embora encontre serviços similares em seu país, muitos viajam a outros que são referência internacional, ou tornaram-se especialistas em determinados procedimentos. É o caso de cirurgias estéticas e tratamento de viciados, onde alguns dos melhores centros não estão necessariamente apenas nos países mais avançados.
- **Diáspora.** Apontado por muitos estudiosos, esse parece ser um dos principais fatores que estimularam o turismo médico da forma como é presenciado atualmente. Com a diáspora, muitos indivíduos deixaram seus países em busca de melhores alternativas de vida e trabalho em outros mais desenvolvidos. Diante da necessidade de algum tratamento médico retornam ao seu país de origem devido ao

alto custo onde trabalham. Ao retornarem influenciam outros com seus relatos e resultados fisicamente visíveis.
- Acidentes ou incidentes que ocorrem durante uma viagem turística a outro país, e que não são necessariamente intencionais, chamados por alguns escritores como "turista médico incidental", são situações de urgência ou de emergência que obriga o turista a procurar atendimento médico na localidade onde se encontra. Muito comum nos destinos turísticos onde há esportes de aventura.

Uma das explicações para o desenvolvimento dessa atividade pode ser encontrada através da globalização do cuidado médico, que se tornou o principal motivador da rapidez com que essa modalidade se desenvolveu mundo afora. Embora o foco seja prover o paciente com o cuidado que este precisa para o restabelecimento de sua saúde, é inquestionável que o ganho econômico e o desenvolvimento do turismo tornaram-se uma consequência e um objetivo secundário que não passou despercebido das autoridades, hospitais e profissionais da saúde. Para que uma viagem esteja relacionada ao turismo médico há alguma situação crítica que a encaixe como uma viagem médica, porém, contendo ou abrangendo os demais componentes de uma viagem turística numa conjunção de fatores entre turismo e saúde. Alguns fatores chaves têm estimulado o crescimento do turismo médico no mundo, sendo eles:

1. **Tecnologia.** As mais recentes inovações tecnológicas tornaram mais eficientes os sistemas de comunicação e seguros os transportes globalmente. A rapidez com que são incorporadas nos mais diversos segmentos dinamiza a busca de soluções como o surgimento de novos aparelhos e equipamentos que contribuíram para a detecção precoce de doenças e sua cura em menor tempo. A internet tem exercido um papel de grande importância ao penetrar em praticamente todo o globo terrestre, permitindo trocas de informações sobre os avanços tecnológicos na medicina entre os especialistas de cada área.
2. **Mudança de comportamento.** Houve uma mudança de mentalidade dentro da área da saúde e no conceito doentio dos antigos hospitais, caracterizados por ambientes frios, impessoais e ligados à dor e morte. Essa mudança permitiu que se tornassem modelos de atendimento humano unindo uma estrutura moderna e luxuosa como coadjuvante na prática da medicina. A possibilidade de envolvimento do paciente em alguma atividade turística, cultural ou de lazer durante o tratamento foi outra mudança que possibilitou

conciliar a necessidade com um prazer. Uma cirurgia estética com a visita a um atrativo turístico.
3. **Demográfico.** Com o envelhecimento da população na maior parte do mundo, e maior sobrevida dessa parcela de consumidores de serviços de saúde, houve um aumento na busca por uma vida de qualidade e mais saudável. O aumento da longevidade está estimulando cada vez mais as pessoas a buscarem alternativas de atendimento médico, dada a incapacidade do sistema público de atender essa crescente demanda.

Como resultado dessa mudança dentro do segmento de saúde mundial, turistas americanos têm viajado a países da Ásia para transplantes de órgãos; americanos e europeus procuram países como o Brasil para cirurgias plásticas e inseminação artificial, o mesmo tem ocorrido com canadenses, europeus e um número crescente de pacientes oriundos do Oriente Médio, dentre outros países. Ademais, houve um aquecimento do mercado interno com o aumento do fluxo de viagens para tratamento médico dentro dos próprios países. Porém, uma característica cada vez maior tem sido a inclusão de atividades turísticas e de lazer como complemento ao tratamento médico. Períodos que antecedem o tratamento, e principalmente o período de recuperação pós-tratamento tem sido preenchido com atividades turísticas de forma que não comprometa o procedimento realizado.

Muitas dessas mudanças presenciadas atualmente, foram reforçadas por outros fenômenos como a terceirização da produção e dos serviços em praticamente boa parte do mundo como produto do processo de globalização. Como resultado, é cada vez maior o número de empresas que optaram por terceirizar parte de sua produção e serviços profissionais, indo além do atendimento oferecido pela terceirização do atendimento, envolvendo desde serviços de advogados, a professores e incluindo até mesmo médicos. Atualmente há hospitais americanos que enviam os resultados de exames e Raio-X para serem analisados por médicos em países como a Índia, sendo depois de analisados e produzido o laudo repassados ao hospital de origem. Muitos dos serviços prestados no segmento de saúde em um determinado país foram desenvolvidos ou estruturados em países distantes.

Um dos muitos resultados da internacionalização do setor é a carência de profissionais em diversos países mais desenvolvidos, tendo hospitais e clínicas ofertados pacotes atrativos para médicos, enfermeiras e outros profissionais que se dispõem a mudar de país. A falta de oportunidades em seus países tem levado esses profissionais a suprirem essa carência em troca de oportunidades e salários atrativos. Segundo Bookman (2008, 6) dentre os médicos indianos que saem do seu país para especializar-se ou passar por algum treinamento, apenas 48% retornam para a Índia. As Filipinas "exportam" 15 mil enfermeiras por ano para países mais desenvolvidos. A previsão é que esses números aumentem, de acordo com o crescimento da população no mundo para os próximos anos, o que resultará em maior demanda por serviços médicos e estéticos, dentro de um contexto global.

Entretanto, é de suma importância desvincular o turismo de saúde das demais modalidades de turismo (por estar atrelada a uma necessidade e não meramente a um prazer), da alta tecnologia e complexidade da medicina que o país domina. Isso significa que muitos países ricos com um elevado PIB (Produto Interno Bruto) não são necessariamente destinos para o turismo de saúde (embora seja para outras modalidades do turismo), tampouco muitos dos países que possuem um excepcional sistema de saúde. Há uma conjunção de fatores que torna isso possível para muitos países, enquanto é um obstáculo para outros. Países com uma medicina avançada podem cobrar valores proibitivos ou sistemas que restringem o atendimento universal aos seus cidadãos, enquanto outros com segmentos de saúde avançados, porém menos desenvolvidos, conseguem um custo-benefício maior para o consumidor.

Semelhante à exportação de produtos, a exportação de serviços de saúde estimula o crescimento econômico injetando moeda forte na economia, beneficiando outros setores da economia através de mecanismos econômicos como o "efeito linkage" e efeito multiplicador de renda e emprego. Trata-se de uma estratégia de crescimento econômico que beneficia diversos segmentos além do turismo e saúde, portanto, muito utilizada pelos países que conseguiram reunir as condições necessárias como *expertise*, abundância de capital humano barato, infraestrutura adequada e que não estão relacionados unicamente com países pobres ou em desenvolvimento.

Tipologia do turismo médico

Podemos entender os fluxos de pacientes que procuram tratamento médico analisando suas origens e destinos. De um modo geral esses fluxos podem ser divididos em três categorias básicas:

1) Pacientes que viajam para outros países (emissivo);
2) Pacientes que chegam de outros países (receptivo);
3) Viagens domésticas (emissivo e receptivo).

Os fluxos um e dois são na verdade extremidades do mesmo fenômeno, porém, com o país emissor importando um serviço médico; e o país que capta os pacientes como exportador dos serviços médicos. Cada parte apresenta um impacto diferente na economia do país, de um lado há fuga de recursos e de outro há a entrada desses recursos. As viagens domésticas ocorrem em diferentes cidades e regiões do mesmo país, também redistribuindo os recursos internamente. Na análise internacional, podemos entender que:

- **Exportação:** a venda de serviços médicos pelos países considerados destinos turísticos.
- **Importação:** a compra de serviços médicos pelos turistas que viajam a outros países para tratamento médico.

Tipologia	Definição	Ocorrência
Importação de serviços médicos (Saída)	O turista de saúde pode viajar para outros países para receber tratamento médico.	Ocorre quando o paciente deixa o seu país para procurar tratamento médico em outro.
Exportação de serviços médicos (Entrada)	Entrada de turistas de saúde no país importador de serviços médicos para adquirir serviços médicos diferenciados.	Ocorre quando o paciente chega de outro país em busca de tratamento médico.
Demanda doméstica	Turistas que procuram atendimento médico-hospitalar dentro do próprio país, em outras regiões e geralmente em centros médicos especializados.	Ocorre quando pacientes saem de suas cidades para outras cidades e estados dentro do mesmo país, à procura de tratamento médico-hospitalar.

As três situações ocorrem simultaneamente dentro do mesmo país. Como exemplo está os Estados Unidos que é um dos principais emissores internacionais de turistas de saúde, com um número cada vez maior de americanos viajando para encontrar tratamento em outros países, e que também recebem um grande número de pacientes internacionais para tratamento especializado. Por outro lado, há uma grande movimentação interna, com pessoas saindo de suas cidades e procurando tratamento médico em outras mais desenvolvidas ou que detêm algum tipo de tratamento inexistente ou de alto custo na localidade onde a pessoa reside.

Embora milhares de americanos viagem para outros países à procura de tratamento médico a um custo menor, há um outro fluxo contrário com pacientes que procuram serviços médicos nos Estados Unidos. Embora tenha sido um dos principais destinos na busca de cura ou tratamento, devido a pesquisas e um sistema de saúde avançado tecnologicamente, desde o atentado em 11 de setembro de 2001, o número de viajantes caiu dramaticamente. Principalmente os pacientes que eram originários do Oriente Médio ou de países árabes. Quando o visto não era negado, este demorava um tempo excessivo para ser liberado, não sendo também garantia de entrada no país.

Essa situação apenas favoreceu os demais países que investiram numa estrutura tecnológica e fizeram parcerias com instituições americanas para oferecerem os mesmos serviços em outros países. Apesar da redução na entrada de pacientes para os Estados Unidos, ainda assim o país permanece como uma referência para pessoas que procuram tratamento nas áreas de ortopedia, cardiologia, cirurgia plástica e tratamentos oncológicos.

Dentre os motivos que levam muitos a procurarem tratamento nos Estados Unidos, está a capacidade do cuidado de pacientes com problemas críticos que costumam desafiar o conhecimento médico. Centros de excelência em saúde desenvolvem pesquisas e procedimentos pioneiros, além de oferecerem cursos e especializações que atraem profissionais do mundo inteiro.

Devido ao crescimento desse segmento, alguns hotéis têm iniciado suas atividades prestando serviços específicos para essa clientela. Oferecem além da hospedagem, cuidado médico enquanto hospedado, apoio 24 horas de enfermagem, coleta de exames no hotel, dentre outras facilidades. Já há hotéis que oferecem sua infraestrutura para que o cliente realize procedimentos não cirúrgicos como check-ups e exames de grande porte em locais associados ou conveniados, utilizando durante a estada os serviços hoteleiros. Outras redes hoteleiras têm desenvolvidos produtos exclusivos para receber o paciente durante o período de convalescença e antes de retornar ao país de origem, com serviços diferenciados, parceria com hospitais e a garantia da marca já estabelecida no mercado.

De olho nesse filão, até mesmo os governos de vários países têm viabilizado a atividade mediante políticas especiais que visam atrair clientes internacionais. Alguns países têm estendido o tempo de duração do visto de entrada quando em tratamento médico; desenvolvido "guias impressos" e distribuído em outros países; investido em divulgação em feiras, congressos e demais eventos; etc. Tendo em vista os movimentos observados no mercado, é possível avaliar como essa atividade poderá impactar na economia de várias regiões nos próximos anos.

Estados Unidos: o maior mercado para o turismo médico atualmente

Em um país onde o sistema de saúde é um dos mais caros do mundo, mais de 45 milhões de americanos não possuem um plano de saúde. Dentre os motivos está o custo de manutenção do plano de saúde e os crescentes aumentos que em 8 anos subiram 3,7 vezes mais que os salários no país. Mesmo para os que possuem algum tipo de cobertura, não é raro sofrerem negativas para cobertura de algum procedimento médico e hospitalar, limitações de atendimentos e os inevitáveis complementos de procedimentos que precisam ser pagos. Segundo o próprio governo americano, as despesas médicas, hospitalares e com medicamentos é o motivo que leva mais da metade de todos os americanos à falência pessoal.

Os problemas são inclusive estruturais com a má qualidade e ineficiência do sistema de saúde que custa até 100 bilhões de dólares por ano aos Estados Unidos. Apesar de o país ser altamente informatizado, registros médicos e parte da documentação hospitalar ainda são impressos ou processados em formulários resultando em elevados custos, demora e falhas evitáveis. A falta de informatização do sistema de saúde tem um custo anual de 77 bilhões de dólares para o país. Mesmo com todos esses gastos e apesar da rigidez do sistema e de todas as exigências públicas, cerca de 100.000 americanos morrem por ano devido a erros médicos.

A situação não tem sido promissora para a geração atual e a futura, tendo em vista que os principais problemas de saúde nos Estados Unidos são crônicos e de alto custo, como diabetes, pressão arterial alta, câncer, obstrução coronária crônica, obesidade e doenças do coração, custando ao país 75% do dinheiro investido no sistema de saúde. Até mesmo as crianças têm apresentado problemas de saúde que apontam para um vultoso gasto futuro se não ocorrerem investimentos em prevenção. São cerca de 133 milhões de americanos que possuem ao menos uma doença crônica, custando 1,7 trilhões de dólares anualmente; apenas o cuidado com pacientes com diabete tem um custo anual de 130 bilhões. Como menos de 4 centavos de dólar é gasto na prevenção da saúde da população, é de se esperar que o tratamento seja dispendioso.

Não é de se admirar o interesse cada vez maior dos americanos em buscarem tratamento fora do seu país, com um custo muito menor e qualidade muito superior à existente principalmente nos grandes centros; o turismo médico tem se tornado uma alternativa vantajosa para um número cada vez maior de pessoas.

Capítulo 2

UMA ATIVIDADE QUE EXTRAPOLA AS FRONTEIRAS DOS PAÍSES DESENVOLVIDOS E EM DESENVOLVIMENTO

Como citado no capítulo anterior, viajar para outros países com o intuito de realizar algum tratamento dentário, médico ou de recuperação da saúde tornou-se algo comum para milhões de pessoas em todo o mundo, principalmente nos Estados Unidos. Agrega-se a isso o fato de poder conciliar o tratamento de baixo custo com viagens a locais paradisíacos ou durante as férias no continente Africano, na América do Sul, na Ásia e até mesmo no Mediterrâneo, tornando a busca pelo tratamento mais amena e até mesmo aprazível. É algo que ainda causa estranheza para muitas pessoas que não estão ligadas diretamente ao segmento de saúde internacional, principalmente diante do alto grau de desenvolvimento externo, enquanto o Brasil ainda se encontra em uma situação de principiante, embora seja uma referência internacional em algumas das especialidades mais procuradas.

Assim, é cada vez maior o número de americanos que estão procurando alternativas aos tratamentos realizados nos Estados Unidos, devido a falta de cobertura dos seus planos de saúde para procedimentos médicos e odontológicos, ou mesmo devido ao alto custo do tratamento que chega a atingir valores exorbitantes. A busca não se resume apenas a procedimentos cirúrgicos simples e rápidos, ocorrendo também para cirurgias delicadas e de grande porte como as cardíacas, colocação de próteses no quadril, joelho e demais articulações, cirurgias plásticas de diversos graus, dentre outras como de redução do estômago e que ultrapassam os 100 mil dólares nos Estados Unidos.

Obviamente esse aumento de demanda por serviços médicos em outros países não ocorre sem preocupações com as implicações que podem surgir dada a seriedade que a decisão exige. Primeiramente trata-se de uma decisão racional, que precisa ser tomada sem ingredientes emocionais que possam interferir na escolha. Dúvidas quanto ao profissional que executará o procedimento são comuns, como a qualificação, cursos de aprimoramento ou especialização, onde graduou-se e quantos procedimentos similares realizou no último ano, são preocupações comuns. Ademais, informações sobre o local, clínica ou hospital são relevantes, se falam o idioma do paciente, quantas cirurgias são realizadas, índices e outros números relevantes para o ambiente hospitalar costumam ser indagados por quem viaja ao exterior para realizar algum procedimento médico.

Muitas dessas preocupações devem ser consideradas como legítimas devido os diferentes padrões de aceitação entre um país e outro, e que pode envolver a origem, qualidade e o tipo de material utilizado nos tratamentos médicos como próteses, e nos dentários como material para restauração de dentes e algumas próteses dentárias. Técnicas, procedimentos e materiais diferem muito de um país para o outro, mesmo sendo os mesmos fornecedores, motivando a busca de informações de muitos pacientes. Organismos certificadores da qualidade também podem diferir quanto ao padrão de qualidade para cada tipo de material, de acordo com a indústria local e as normas governamentais vigentes. A origem e garantia do padrão e qualidade também é importante, pois a procedência do material e/ou produto precisa ser atestada e reconhecida por organismos nacionais como o INMETRO (Instituto Nacional de Metrologia, Normalização e Qualidade Industrial) ou internacionais como a ISO- *International Organization for Standardization*.

Ademais, complicações diversas como infecções, rejeição, etc. podem aumentar o tempo de estada no país ou de internação em um hospital, aumentando também os custos do tratamento. Assim, um tratamento com uma margem mínima de economia pode transformar-se numa dor de cabeça se for necessário passar um tempo maior que o programado em uma unidade de tratamento intensivo, onde os custos são sabidamente altos. Mesmo as despesas adicionais como viagem, hotéis e deslocamentos do paciente e do acompanhante precisam ser calculados. Oscilações de moedas e impactos de medidas econômicas podem influenciar os custos do tratamento, sendo importante deixar uma boa margem de economia no tratamento para que seja realmente vantajoso.

Ademais, há também outros medos e receios que não são infundados se percebermos que durante muitos anos os países que são receptivos (ou que recebem os turistas de saúde), foram expostos na mídia internacional estando relacionados a altos índices de miséria, epidemias, falta de infraestrutura e saneamento básico adequado, dentre outros problemas graves. E mesmo existindo situações como essas, muitos desses países gozam de grandes avanços em tecnologia na área de saúde, embora nem todos os seus cidadãos possuem o devido acesso a ela. É comum condições sanitárias precárias e doenças que podem ser curadas com medicamentos que custam menos de um dólar, coexistirem com uma grande demanda por serviços médicos por estrangeiros. O pouco acesso à saúde por parte da população mais pobre, contrasta com equipamentos e tratamentos de primeiro mundo, criando um cenário díspar e complexo de se entender, onde a pobreza e opulência coexistem.

As dúvidas que essa disparidade social causam, levam muitos clientes em potencial a pesquisarem exaustivamente a respeito do país, hospital e médico que oferecem o tratamento de que necessitam. Dentre os meios mais comuns, está o contato com pessoas que já realizaram algum tratamento anterior ou a leitura de "relatos" sobre a experiência vivenciada, a pesquisa pela internet, guias especializados que já existem nos Estados Unidos, anúncios e notícias em jornais ou na televisão sobre o tratamento, e hospitais que disponibilizam informações pela internet ou divulgam seus serviços em eventos e feiras internacionais.

Os defensores dessa atividade, como associações e organizadores de eventos relacionados ao turismo médico destacam as vantagens de realizar um tratamento médico em outros países, citando as garantias e benefícios que o cliente tem, dentre elas estão:

1. **Economia:** o custo é espantosamente inferior nos países que ofertam serviços médicos, onde uma cirurgia de coração chega a custar até 10% do valor da mesma cirurgia nos Estados Unidos. Assim, uma cirurgia que custaria cerca de US$ 100 mil nos Estados Unidos, pode custar até US$ 10 mil na Índia, com médicos especializados nos Estados Unidos e em hospitais certificados por sistemas de acreditação internacional.

2. **Qualidade dos serviços médicos:** geralmente os procedimentos médicos são realizados em hospitais que possuem selos de qualidade no cuidado ao paciente, como o da *Joint Commission International*

(JCI) conhecida pelo rigor da sua certificação, garantindo os mesmos padrões de qualidade do tratamento em qualquer país do mundo. Ademais, tem sido cada vez maior o número de hospitais que possuem programas de intercâmbio de conhecimento com instituições renomadas como John Hopkins e Harvard Medical School.

3. **Inexistência de filas ou de espera:** mesmo pagando como particular ou possuindo um plano de saúde, é inevitável que muitos pacientes têm que esperar para realizar algum procedimento médico eletivo nos países mais desenvolvidos. Isso ocorre principalmente com relação a transplantes de alguns órgãos, onde praticamente não há fila de espera.

4. **Índices de procedimentos bem sucedidos:** nem sempre fáceis de serem obtidos em alguns países, os hospitais em países ofertantes de serviços médicos costumam dispor de índices de sucesso superiores aos hospitais de muitos países de primeiro mundo, o que surpreende até mesmo os médicos e pacientes mais bem informados.

5. **Liberdade de tratamento:** muitos dos procedimentos proibidos em países europeus e nos Estados Unidos, já são realizados por longa data nesses países. Assim, quando são aprovados, médicos nesses países já realizam tais procedimentos há anos aperfeiçoando-os e possuindo a técnica e a experiência. Ademais, algumas formas de tratamento somente poderão ser realizadas nesses países, devido às restrições impostas por organismos como a FDA (*Food and Drug Administration*) dos Estados Unidos.

6. **Atenção e calor humano:** a atenção dispensada ao paciente nesses países é muito superior a dos países mais desenvolvidos, onde o atendimento costuma ser frio e impessoal. Médicos, equipe médica ou outros profissionais costumam gastar mais tempo com as consultas e atendimento personalizado. Os profissionais da área assistencial e de atendimento costumam ser mais calorosos com pacientes, familiares e acompanhantes angariando a simpatia dos estrangeiros.

7. **Recuperação supervisionada:** diferentemente dos hospitais de países avançados onde o paciente recebe a alta hospitalar e é encaminhado para casa logo após o tratamento, há uma observação cuidadosa do paciente após o tratamento; este permanece no hospital ou em algum hotel especializado próximo ao hospital, até estar em condições de viajar em segurança. O paciente não se sente abandonado logo após o procedimento.

8. **Tecnologia:** é cada vez maior o número de hospitais nesses países com equipamentos de alta tecnologia como tomógrafos, aparelhos de ressonância magnética, de ultrassom e equipamentos para a realização de cirurgias a laser, alguns dos quais sequer existe em hospitais avançados no primeiro mundo. Ademais, com o intercâmbio entre instituições renomadas do mundo inteiro, a transferência de tecnologia entre os países é muito mais rápida e eficiente.
9. **Privacidade ou anonimato:** ao realizar algum tratamento em outro país, o paciente goza do anonimato ou mesmo de ter sua privacidade resguardada. Razão pela qual autoridades, personalidades e executivos de diversos países abastados realizam procedimentos nesses locais, sem que a mídia internacional tome conhecimento.
10. **Lazer e turismo:** embora o objetivo principal seja o tratamento médico, atividades de lazer, culturais ou mesmo turísticas podem fazer parte da programação do paciente, dependendo muito do tipo de tratamento e da atividade que deseja realizar. Acaba sendo algo incorporado dentro do tempo livre do paciente e do seu acompanhante. Grande parte dos pacientes que viajam a outro país desejam realizar alguma atividade turística envolvendo inclusive safaris na África, visita às pirâmides no México ou participando de passeios ecológicos na Costa Rica.

Embora o número de países que descobriram as oportunidades nesse segmento esteja aumentando, alguns já são considerados destinos estabelecidos ou em franco crescimento. Esses países reúnem algumas características discutidas mais adiante que os tornam atrativos a pacientes de diversas partes do mundo. Dentre os principais estão as Filipinas, Tailândia, Malásia, Cingapura, Índia, Turquia, Grécia, China, Sérvia, Polônia, Hungria, Alemanha, Cuba, Chile, Costa Rica, Colômbia, Venezuela, Brasil, Argentina, Coréia do Sul, Taiwan, Hong Kong e mais recentemente Dubai. Alguns têm recebido milhares de pacientes, enquanto outros estão ainda numa fase incipiente. Há países que oferecem uma completa infraestrutura, e outros que ainda vendem uma medicina tradicional e sem amparo científico.

Países e principais motivos que levam os turistas a procurá-los

País	Procedimentos	Motivação
África do Sul	Cirurgia cardíaca e plástica	Qualidade dos resultados e preços inferiores
Brasil	Cirurgia plástica	Referência internacional/qualidade e preços inferiores
Costa Rica	Ortodontia e cirurgia plástica	Proximidade com os Estados Unidos e preços inferiores
Índia	Cirurgia cardíaca, ortopedia	Preços inferiores
México	Ortodontia, cirurgia plástica	Proximidade com os Estados Unidos e preços inferiores
Malásia	Cirurgia plástica, medicina alternativa	Preços inferiores
Cingapura	Cirurgia geral, cardíaca, e outras	Preços inferiores e referência em saúde
Tailândia	Cirurgia plástica, cardíaca, transplantes, ortopedia e outras	Preços inferiores

Milhares de pessoas ainda procuram países como os Estados Unidos em busca de tratamento médico (que também é um destino do turismo médico), tendo em vista os avanços que conseguem na medicina e o alto investimento em pesquisas, descobrindo a cura para doenças e estando sempre à frente em produção científica. Contudo, embora também recebam pacientes de várias partes do mundo, o número de pessoas que saem do país em busca de tratamento médico a um custo menor que o praticado no país é muito maior. O quadro acima exemplifica quais procedimentos são os mais procurados nos países indicados, e o que leva um número cada vez maior de pessoas a saírem de seus países para buscarem tratamento em outros, mesmo que seu país ofereça os mesmos procedimentos.

Diferentemente do que se possa imaginar os preços de procedimentos médicos similares não são todos iguais, há enormes variações nos preços de tratamentos similares oferecidos pelos próprios países que ofertam serviços médicos e de saúde em todo o mundo. Assim, um brasileiro pode decidir realizar uma cirurgia na Tailândia com uma economia muito superior aos custos do mesmo procedimento realizado no Brasil, embora o Brasil seja também um ofertante de serviços médicos. As diferenças cambiais e o poder de compra da moeda em cada país também é outro importante fator econômico a ser levado em conta no momento da escolha do tratamento. Da mesma forma que existe concorrência no consumo interno, não é diferente com relação à demanda internacional com os países tentando atrair os mesmos pacientes estrangeiros.

Quem busca tratamento médico em outro país avalia diversos fatores que podem ser trabalhados pelo país emissor, quando deseja atrair sua demanda. Isso ocorre devido a imagem que o país trabalha como tendo excelência em determinada área da medicina como na cirurgia plástica, cirurgia cardíaca, ortopédica e assim por diante. O que também não significa que os valores sejam baixos, o Brasil, por exemplo, não é muito competitivo em termos de preço com outros países exportadores de serviços de saúde, e mesmo com alguns países de primeiro mundo, mas é uma referência mundial em áreas como cirurgia plástica e estética, resultando em impacto secundário no valor do procedimento realizado.

Dentre os fatores levados em conta por quem procura tratamento médico em outro país, estão:

a) **Pacotes de tratamentos:** muitos hospitais oferecem pacotes fechados para determinados procedimentos, ocorrendo pouca variação no valor final. O que resulta em relativa tranquilidade e garantia para o paciente.
b) **Pacotes fechados:** agentes de turismo de saúde ou operadores de turismo de saúde oferecem normalmente pacotes fechados incluindo além do tratamento médico, as passagens aéreas, traslados, acomodações e atividades de lazer incluído. Poupa a pessoa de dissabores com serviços adicionais ao tratamento como transporte e acomodações.
c) **Custos:** caso o cliente não opte por pacotes ou estes não estejam disponíveis, é hábito questionar quais os valores cobrados por todos os profissionais envolvidos, custos hospitalares e administrativos, taxas ou impostos, exames, medicamentos e até mesmo o custo adicional caso seja necessário a permanência no hospital por mais tempo que o necessário.

d) **Serviços adicionais:** a estada em outro país exige gastos adicionais como ligações telefônicas do hospital, ou através do aluguel de um telefone móvel, acesso à internet, vistos e gorjetas. É habito solicitarem informações sobre valores caso seja necessária a companhia de uma enfermeira ou cuidadora profissional, intérprete ou tradutor profissional.

e) **Pagamento:** dentre meios mais comuns para o pagamento das despesas estão os cartões de crédito e os cheques de viagem (*travelers checks*). Dificilmente um estrangeiro traria consigo grandes quantidades de dinheiro, ou cheques utilizados em seu país. Transferências bancárias também são utilizadas quando há correspondentes bancários disponíveis.

A tabela na página seguinte mostra os destinos mais procurados pelas pessoas que procuram alguma forma de tratamento médico e de bem-estar no mundo, e as principais especialidades procuradas nesses países, sendo distribuídos da seguinte forma:

Cores	Destinos
	Destinos primários
	Destinos secundários

Os destinos primários são aqueles que uma pessoa leva em consideração em primeiro lugar quando decide realizar algum tratamento em outro país. Na impossibilidade destes, a pessoa volta-se para o destino secundário. Muitas vezes, tanto os destinos primários ou secundários oferecem os mesmos tratamentos, porém, fatores como a distância, custos, referência no segmento procurado dentre outros motivos pode interferir na decisão do turista de saúde.

TRATAMENTO	Brasil	Caribe	Costa Rica	República Tcheca	Hungria	Índia	Malásia	México	Cingapura	África do Sul	Tailândia	Dubai UAE
Cirurgia cardíaca												X
Cirurgia plástica e estética	X			X	X		X	X	X	X	X	X
Ortodontia	X			X						X	X	X
Fertilidade e reprodução	X								X	X		
Neurologia e cirurgias na coluna						X					X	
Ortopedia			X			X			X	X	X	X
Artroplastia total de quadril						X	X			X	X	
Artroplastia do quadril Birminghan hip* resurfacing						X	X		X	X	X	X
Oncologia			X						X	X		
Pesquisa com células tronco									X			
Cirurgia de troca de sexo	X								X	X	X	
Cirurgia bariátrica/peso	X	X				X	X		X		X	
Medicina alternativa e/ou do bem-estar		X			X				X	X	X	

*Birman Hip Resurfacing é o nome dado a esse tipo de artroplastia do quadril, utilizado em alguns países. Poderíamos alterar para artroplastia do quadril - Método de Birmingham.

Fonte: Woodman, 2008: 182, 183.

Capítulo 3

ENTENDENDO AS ORIGENS E A EVOLUÇÃO DO TURISMO MÉDICO NA HISTÓRIA

Embora o termo mais utilizado seja o de turismo médico, o termo turismo de saúde o antecede sendo até mais abrangente na sua definição. O turismo de saúde não é algo novo, sendo uma das mais antigas atividades humanas voltadas para as viagens envolvendo a hospitalidade, o comércio e a religiosidade. Os deslocamentos em busca de tratamento, cura ou alívio sempre motivaram o ser humano a viajar acreditando encontrar o remédio para o seu sofrimento em outras terras, com as notícias que os viajantes traziam. Muitas vezes a cura ou o local da cura não era custeado, porém o custo da viagem incluindo a alimentação e hospedagens estimularam o comércio em várias das rotas utilizadas por peregrinos no decorrer da história. Registros encontrados em escavações na Grécia antiga, relatam que muitos doentes costumavam viajar até o santuário do deus da cura em Epidaura, (Asclépio), esperando que fosse revelado, em sonho, algum remédio milagroso ou a cura para o seu mal. Godoi (2008, 21) cita que:

> As viagens motivadas por problemas ligados à saúde são uma das mais antigas manifestações do turismo conhecidas. Viajar à procura de recursos para preservar a saúde, tratar doenças ou buscar a cura para males e enfermidades, sempre moveu uma grande quantidade de pessoas a procura dos mais diversos tratamentos onde quer que estes se encontrassem. A história relata a procura de tratamentos para problemas de saúde por reis, rainhas e nobres que viajavam grandes distâncias com seus séquitos em busca de tratamento, ou ainda pessoas comuns que procuravam a cura para algum mal que sofriam. A Bíblia é uma

referencia em relatos de pessoas que saíam em busca de curas milagrosas andando grandes distancias na procura de santos e profetas. Ainda outros sempre recorreram a rituais de cura e pajelança, procurando por ervas, areias e águas medicinais desde os tempos mais remotos. Uma das principais formas que se desenvolveu com o turismo de saúde foi a procura por balneários, estando ligado ao tratamento hidroterápico ou pelas águas.

Os antigos romanos tinham especial predileção por águas sulfurosas e com características radioativas que tornaram famosos os banhos ou termas, muitos dos quais públicos. Muitos viajavam para fontes ou termas em busca de água para beber, pulverizar, banhar e inalar, que eram as aplicações mais comuns para a época. No século XIX viajantes britânicos procuravam lugares de clima quente e seco, para tratar as doenças pulmonares e dos ossos. Por muitos séculos, pessoas em praticamente todos os continentes procuraram estâncias climáticas e hidrominerais para tratar de doenças ou melhorar a saúde. Com o passar dos anos e as facilidades proporcionadas pelos meios de transportes, as viagens se tornaram mais rápidas e mais baratas, possibilitando que mais pessoas saíssem de onde residiam para tratar-se em outros lugares.

O aumento desses fluxos resultou no surgimento de locais adequados para atender os viajantes, e não mais apenas em estalagens, hospedarias e mosteiros onde pessoas saudáveis e doentes muitas vezes dividiam o mesmo espaço. Conforme Boeger (2003, 19) "A marginalização e o isolamento dos portadores dessas doenças fizeram com que a centralização fosse o primeiro passo para segregar pacientes e hóspedes". Ainda de acordo com Boeger (2003, 20) "O vocábulo latino *hóspes*, que significa hóspede, deu origem a *hospitalis* e *hospitium*, palavras que designavam locais onde se abrigavam, na Antiguidade, além dos enfermos, viajantes e peregrinos". Essa segregação mostrou-se benéfica com a redução da contaminação das pessoas saudáveis que conviviam com os doentes. E contribuiu também para o surgimento dos aglomerados de doentes em busca de tratamentos, os hospitais. Embora rústicos, os primeiros hospitais, conforme Boeger (*Ib.*) datam de 360 a. C. em Roma e voltavam-se para tratamentos básicos de recuperação da saúde.

Uma das principais características do turismo de saúde é a falta de sazonalidade, sendo uma atividade que ocorre durante todo o ano. Não há necessariamente períodos de tempo onde possa se programar aumento ou redução da demanda. Embora no passado momentos excepcionais causados por endemias ou mesmo epidemias geravam grandes fluxos de pessoas em busca da cura para outras regiões, hoje em dia são as doenças que atingem o indivíduo isoladamente que tem os obrigado a viajarem. Esse é um movimento cuja tendência é de aumento como a própria história tem descrito nos últimos séculos. Essa evolução apresenta algumas características interessantes dentro e fora dos países que optaram por trabalhar o turismo médico e de saúde, com os movimentos causados pela demanda interna e externa.

Evolução dentro do ambiente doméstico e internacional

Embora pareça ser mais um dentre os novos segmentos explorado pelo turismo nos últimos anos, o turismo de saúde é na verdade uma das mais antigas atividades turísticas se olharmos do ponto de vista das viagens em busca de tratamento médico, que sempre ocorreram e são exaustivamente citadas na história da humanidade. A busca pela "cura" ou de algum tratamento de saúde sempre moveu pessoas de diferentes estratos sociais em todas as épocas e partes do mundo a viajarem grandes distâncias, mesmo em face de perigos e guerras, a locais que oferecessem alguma forma de alívio temporário ou definitivo. (Castelli: 2005, 6)

Nos últimos anos houve uma mudança gradativa nos fluxos desses viajantes até então despercebidos dentro do turismo e na economia, alterando a forma e os destinos dos deslocamentos tendo em vista o surgimento de novos destinos que passaram a oferecer o produto "saúde". O declínio de alguns destinos e o surgimento de outros, assim como fatores econômicos, políticos, religiosos e sociais aumentaram o número, tanto de polos ou países emissores quanto de clientes que têm encontrado mais facilidades nesses deslocamentos, aquecendo esse segmento de mercado.

O turismo de saúde compreende os deslocamentos de pessoas entre diferentes localidades cujo objetivo seja a busca de tratamento médico ou de recuperação da saúde, utilizando-se de forma parcial ou completa da infraestrutura turística. Embora seja uma atividade planejada ou eletiva, ainda assim podem ocorrer situações emergenciais ou incidentais que desencadeiem a atividade de forma similar à planejada. Os serviços podem variar de serviços médicos, utilização de infraestrutura hospitalar, como a busca pela medicina alternativa com tratamentos baseados em ervas medicinais, banhos diversos, atividades esotéricas e espirituais.

Embora a viagem seja normalmente específica para alguma forma de tratamento e vise algum hospital, clínica, *spa* ou outro local de tratamento ou recuperação da saúde, há uma parcela considerável dessas viagens que incluem atividades turísticas, de lazer e principalmente atividades culturais no destino. Em muitos casos, o período de recuperação pode ser complementado com passeios em trilhas naturais, aulas de surfe ou atividades recreativas. Obviamente o objetivo principal está voltado para a saúde, sendo o restante complementar e adequado ao "tipo" de tratamento que a pessoa realizará.

A diferenciação na abordagem ao turismo de saúde envolvendo dois setores econômicos diferentes, o "Turismo" e a "Saúde" precisa ficar claro evitando-se mal entendidos, sendo este um fenômeno estudado por ambos os setores, cada qual com seu enfoque. Do ponto de vista do turismo há a utilização de toda a infraestrutura turística "a serviço" da pessoa que busca a forma de tratamento que seja mais vantajosa ou que não exista na sua localidade. Assim, o turismo surge como um setor que dá suporte a uma motivação maior ou superior que está voltada para a saúde.

As viagens para recuperação ou tratamento de saúde são muito comuns dentro de todos os países (mercado interno ou doméstico), sendo difícil sua mensuração dado a amplitude e diversidade dos meios utilizados, de transportes a serviços de saúde (hospitais, clínicas, etc.). Normalmente os deslocamentos ocorrem em dois fluxos diferentes:

a) Pessoas que residem em regiões desprovidas de recursos de saúde compatíveis com suas necessidades, procuram grandes centros urbanos para realizarem seus tratamentos em hospitais, clínicas, consultórios médicos, etc. Têm sido as principais correntes turísticas observadas em número, na diversidade da origem embora se concentrem em poucos destinos.

b) Pessoas que residem nos grandes centros urbanos e que procuram regiões fora desses centros como no interior do país, na natureza, em estâncias climáticas ou hidrominerais, etc. na busca de tratamentos alternativos ou não-convencionais. Trata-se de um fluxo menor com poucos polos emissores e grande diversidade de destinos.

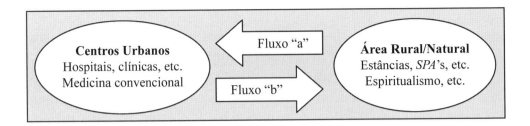

Essa inversão apresenta motivações similares, mas com objetivos e resultados diferentes. São fluxos crescentes, muitas vezes polarizados que podem sofrer alterações na origem e no destino de acordo com os investimentos realizados no setor de saúde, e utilização parcial ou completa da infraestrutura turística existente.

Fluxos e motivações no ambiente do turismo de saúde

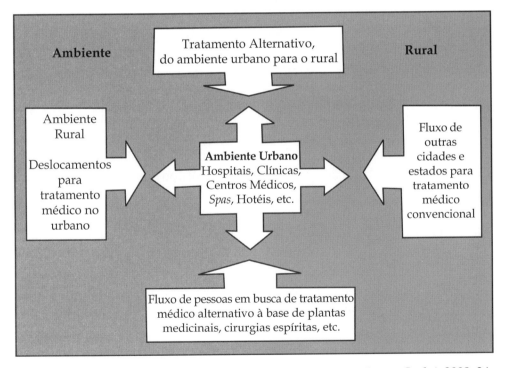

Fonte: Godoi: 2008, 34.

No âmbito internacional o turismo de saúde tem sido reconhecido ultimamente por alguns países como um dos segmentos econômicos promissores para os próximos anos. Na busca de tratamento de saúde milhares de pessoas, principalmente de países ricos, viajam todos os anos para diferentes países, geralmente países em crescimento, e que possuem padrões de qualidade e atendimento igual ou superior ao do seu país de origem de forma programada para algum tratamento ou cirurgia.

São várias as justificativas para essas viagens como o alto custo da medicina em países desenvolvidos em contraste com o baixo custo em países em crescimento; padrão de excelência similar ou superior ao do próprio país de origem do turista; busca de tratamentos e/ou procedimentos não permitidos ou não aprovados no país de origem (como proibição do FDA nos Estados Unidos) e domínio de técnicas diferenciadas. No entanto, a motivação principal que justifica de forma convincente a grande maioria das viagens tem sido o fator econômico. Uma mesma cirurgia realizada nos Estados Unidos que é um dos principais países emissores de turistas de saúde, realizada por profissionais de formação similar, em hospitais luxuosos e com a mesma tecnologia de ponta pode custar até 10% do valor cobrado, em países como Tailândia, Índia, Malásia, Cingapura, México, Costa Rica dentre outros países. Apenas o valor inferior por si só já é um atrativo poderoso, não bastasse o atendimento humano ser ainda mais caloroso e o tratamento ocorrer em hospitais tão confortáveis quanto hotéis de alto luxo.

Muitos países são referência internacional em algumas áreas da medicina como o Brasil é em cirurgia plástica, ortopedia, fertilização humana e mesmo em ortodontia. Padrões de qualidade conferidos pelos mesmos órgãos que atuam nos países altamente desenvolvidos com selos de acreditação internacional garantem os mesmos critérios e padrões de atendimento e excelência, além do rigor médico e assistencial praticado no mundo inteiro. Embora o objetivo principal seja submeter-se a algum tratamento de saúde, o conjunto de serviços oferecidos, a infraestrutura disponibilizada e o suporte recebido interferem na escolha do turista de saúde.

Para receber esse cliente diferenciado, os hospitais, clínicas e outros serviços de saúde precisam preparar-se adequadamente com profissionais qualificados, fluentes em outros idiomas, principalmente o inglês. Precisam alterar a sinalização interna, conhecer e respeitar os hábitos culturais dos visitantes, preparar-se para lidar com situações conflituosas e penosas como garantias legais, dentre outras. Para atender esse segmento surgiram hospitais diferenciados em diversos países com uma oferta de acomodações de alto padrão, próximas das existentes na hotelaria, dentro dos conceitos conhecidos como hotelaria hospitalar e que vem de encontro à expectativa do turista de saúde internacional.

Como resultado do aumento consistente do turismo de saúde no mundo inteiro, numerosos hospitais têm investido na capacitação de profissionais e na adequação da sua estrutura física, para receber esses clientes de outros países e não mais apenas domésticos. Os governos de países receptores ou destinos de saúde, cientes do volume de negócios gerados têm procurado dar segurança jurídica e divulgado suas potencialidades nos países emissores viabilizando inclusive a entrada de turistas de saúde em seus territórios. E mesmo potenciais turistas têm procurado cada vez mais opções de hospitais e outros serviços de saúde existentes no mundo, de acordo com sua necessidade através de agências especializadas e pela internet.

Contudo, nem todos os países que são destinos do turismo de saúde parecem perceber o aquecimento dessa atividade no mundo, perdendo uma parcela valiosa desse mercado. Hospitais e clínicas médicas em diversos países prepararam-se para essas mudanças associando-se a facilitadores, construindo páginas bem estruturadas na internet e anunciando em jornais de grandes cidades como Londres e Nova Iorque. Por outro lado, a grande maioria ainda parece desperceber o que outros países e seus hospitais fizeram, investiram e prepararam-se para atuar no que parece ser um dos mercados promissores para a saúde e o turismo.

A importância econômica e social do turismo médico

A importância econômica do turismo médico não pode ser despercebida pelo impacto nas exportações de um país, tampouco seus efeitos sociais para a localidade receptora. Conforme citado por Bookman (2007, 47) os turistas de saúde querem tratamento de primeiro mundo, mas preços de terceiro mundo. Isso ocorre devido os preços nesses países serem muito inferiores aos praticados em países como os Estados Unidos, mesmo incluindo as despesas como passagens aéreas, hospedagem, alimentação, transporte interno e até mesmo as despesas com um acompanhante, chegando a ser uma fração dos gastos. Adicionalmente, como parte do pacote de tratamento médico adquirido, o paciente usufrui em um país diferente, passeios e visitas a uma cultura exótica.

Embora o turismo de saúde possa ser considerado ainda um segmento cujo consumo seja pouco significativo dentro dos setores de saúde e turismo, devido ao volume de negócios gerado e montante de recursos envolvidos, a importância dessa atividade econômica não pode ser negligenciada. O turismo de saúde é o segmento que tem apresentado o maior crescimento no mercado turístico, em países como Índia, Malásia e Tailândia (Woodward/David, 2002). Em alguns países, surgiram complexos hospitalares que atendem exclusivamente essa clientela internacional, como na Tailândia onde um único hospital, o Bumrungrad, recebeu em 2007 aproximadamente 400 mil turistas de saúde.

Em 1989 a Organização para a Cooperação e Desenvolvimento Econômico (OCDE) já vaticinava a expansão e migração do mercado de saúde para os países em desenvolvimento, devido a abundância de mão-de-obra especializada barata, as habilidades e competências observadas na área da medicina e pela disponibilidade de recursos físicos e financeiros para os anos que se seguiriam (UNCTAD: 1997, 6). O único problema apontado na época era se o crescimento manteria elevado os padrões de qualidade necessários dentro do ambiente hospitalar, o que mostrou-se verdadeiro. Mais que isso, a aquisição de equipamentos de alta tecnologia, profissionalização da força de trabalho, investimentos em infraestrutura e o aumento do número de profissionais médicos com competências similares aos dos seus pares no primeiro mundo, possibilitaram que esses países superassem os países desenvolvidos realizando procedimentos de alta complexidade e obtendo até mesmo melhores resultados em diversas áreas da medicina.

Conforme ratificado pela Conferência das Nações Unidas para o Comércio e Desenvolvimento (UNCTAD: 1997, 3), o comércio de serviços de saúde seria benéfico para os países em desenvolvimento, devido a fatores como o *know-how*, mão-de-obra especializada, recursos e disposição de oferecer os mesmos serviços a um valor inferior ao dos países ricos. Uma década depois, esse mercado começa a se consolidar e gerar receita acima do estimado. Países então reconhecidos como destinos do turismo de saúde como Índia, Malásia, Tailândia e Cingapura, passaram a ter como concorrentes a Argentina, o Brasil e a Costa Rica na América do Sul. Cuba tem sido um dos mais antigos destinos, embora não seja caracterizada pela alta tecnologia e hospitais de padrão internacional. Outros países são a África do Sul, a Jordânia e alguns países da antiga União Soviética. Dubai nos Emirados Árabes Unidos é um dos mais novos expoentes com a construção de um gigantesco complexo hospitalar com o gigantismo dos projetos que se notabilizaram. O México beneficia-se do fato de situar-se próximo ao maior pólo emissor, os Estados Unidos, atraindo uma demanda crescente e fiel.

A importância da atividade pode ser percebida pelos números observados nos diversos países. Embora seja difícil contabilizar o volume de negócios, pois os países em desenvolvimento não possuem mecanismos eficientes de reportar o consumo real de serviços de saúde por estrangeiros, dada a dificuldade de obter dados confiáveis de órgãos e hospitais, ainda assim os números que se tem conhecimento são animadores. É importante citar que os países destinos beneficiam-se de um número limitado de procedimentos, geralmente os que os tornaram referência.

Apesar das barreiras econômicas impostas a Cuba, estima-se que em 2005 o turismo de saúde tenha gerado cerca de US$ 40 milhões; a Malásia recebeu em 2004 US$ 27,6 milhões; e algumas estimativas indicam que a Índia terá uma receita de US$ 2,2 bilhões até o ano de 2012. Mesmo as grandes instituições americanas se beneficiaram dessa demanda aumentando a oferta. A renomada Clínica Mayo captou 10.000 pacientes estrangeiros em 1997, enquanto o conhecido hospital John Hopkins aumentou de 600 para 7.200 o número de pacientes estrangeiros atendidos em apenas dois anos.

O fluxo de turistas de saúde tem aumentado sensivelmente nos últimos anos nos diversos destinos. Entre 2000 e 2001, a Tailândia recebia cerca de 400 mil turistas de saúde por ano, sendo cerca de 50 mil apenas para o hospital Bumrungrad. Atualmente, apenas o Hospital Bumrungrad recebe aproximadamente 400 mil turistas anualmente, Cingapura recebe 410.000 e a Tailândia já superou a marca de 1 milhão de pacientes por ano. (Bookman: 2007, 3)

Obviamente há um fluxo inverso com turistas de saúde procurando tratamento em países de primeiro mundo como os Estados Unidos, números de 2001 mostraram que o país recebia em média cerca de 250 mil turistas de saúde por ano (ib.). O país ainda recebe uma grande quantidade de pacientes de outros países em busca de tratamento, mas na maioria, por dominarem técnicas e procedimentos de ponta. Anteriormente referência em tratamentos de alta complexidade e principal destino de saúde, os países do primeiro mundo perderam uma importante fatia do mercado para os países menos desenvolvidos. Dentre as principais características que influenciaram a demanda para que ocorressem mudanças como essas, estão:

- **Demográfica:** é cada vez maior o número de pessoas que estão vivendo mais e com melhor qualidade de vida, cultivando hábitos mais saudáveis e praticando a autoindulgência, sem despender enormes fortunas em tratamentos e cuidados médicos.

- **Econômica:** mais pessoas encontram-se sem situação financeira confortável ou com dinheiro disponível, enriqueceram nos últimos anos ou mudaram de classe social, tiveram um sensível aumento na renda disponível e também o acesso a planos de saúde.
- **Medicina:** novas técnicas e procedimentos têm sido rapidamente utilizados em todo o mundo, novas descobertas de vacinas, medicamentos e tratamentos aumentaram as possibilidades de cura, e a tecnologia passou a ser utilizada a favor da vida, surgindo novos equipamentos e procedimentos mais eficazes.
- **Social:** percebeu-se o quanto o ambiente influencia na recuperação da saúde de uma pessoa em tratamento. Por outro lado o acesso a serviços básicos como água encanada e esgoto tratado tem aumentado a expectativa de vida, há também maior propensão à socialização que nos anos anteriores, assim como o desejo de viajar e conhecer outros países.

Apesar das diversas características apresentadas pelo setor, os dois principais motivos que levam uma pessoa a viajar para buscar tratamento em outro país, ainda são, gastar menos do que gastaria em seu país, e buscar um tratamento que não existe ou está fora do alcance onde vive.

Outro fator de grande importância, é que o crescimento do turismo médico está ligado diretamente à redução de barreiras e liberação do comércio internacional entre os países, especialmente após o advento da globalização que aproximou os mercados. Acordos internacionais que possibilitaram a cooperação entre instituições privadas, e mesmo entre instituições públicas e privadas; assim como o intercâmbio do conhecimento adquirido e o aumento do número de profissionais que deixaram seus países para se especializarem em outros, contribuiu de maneira significativa para o cenário atual.

Ferramentas como a tecnologia da informação (internet), estimulou os meios de comunicação a desenvolverem novas tecnologias que permitem o acesso à notícia e troca de informações instantaneamente. O surgimento da telemedicina e discussão de casos através de vídeoconferência, com análise, diagnóstico e até mesmo cirurgias à distância abriu um universo de possibilidades, reduzindo as barreiras impostas pela geografia, cultura e idiomas, permitindo pesquisas e esforços conjuntos entre instituições e profissionais de diferentes culturas e partes do mundo.

O aumento dos investimentos estrangeiros em países menos desenvolvidos, a redução das barreiras de entrada nesses mercados e os acordos de cooperação entre governos tem possibilitado uma maior participação desses países nos mercados internacionais. Dentre as justificativas estão a melhora da economia mundial, apesar de crises internas e externas; o aumento da renda das famílias e barateamento das viagens aéreas reduziram o tempo de viagem entre os países, permitindo que mais pessoas viagem com motivações que variam do lazer a outras até então incomuns como para tratamento médico.

Riscos e questões legais no turismo médico

O aumento do turismo médico ou de saúde no mundo está levantando algumas questões complicadoras da atividade nos últimos anos. Intervenções cirúrgicas são normalmente delicadas e por vezes trazem consigo o risco de complicações, danos e mesmo de morte durante e após a realização da cirurgia. Portanto, não é sem motivos que tem se discutido até que ponto realizar uma cirurgia em outro país é uma vantagem. Parte da discussão está relacionada ao receio de profissionais, hospitais e até mesmo o governo de perderem receita para outros países. A incapacidade de oferecerem os mesmos serviços a custos menores, obriga-os a utilizarem outros meios de influenciar a crescente demanda observada no mundo.

De acordo com Albert (2008, 16) os americanos gastam com o turismo médico em outros países o equivalente a US$ 2,1 bilhões, sendo a maior parte em procedimentos eletivos. O impacto no sistema de saúde americano com todos os procedimentos realizados fora, chega a atingir o valor de US$ 16 bilhões em perda de receita. Para a Índia, o turismo médico gerou em 2007 mais de US$ 600 milhões em receita, incluindo a procura por meios não tão convencionais como yoga e a tradicional medicina Ayurveda indiana. Números dessa magnitude para um segmento que começa a crescer tende a preocupar e incomodar os setores já estabelecidos.

No entanto, há riscos reais que não devem ser despercebidos e precisam ser levados em conta por pacientes, provedores, facilitadores e mesmo o governo para os problemas que podem surgir. Como a maior parte dos destinos do turismo médico ou de saúde está distante dos países emissores de pacientes, longas viagens aéreas podem ser perigosas para quem realizou algum procedimento cirúrgico, especialmente de grande porte. O tempo de viagem, o tempo necessário para a recuperação, e o meio de transporte utilizado pode resultar em complicações como tromboses venosas ou embolia pulmonar, especialmente nos exíguos espaços das aeronaves, e que ficou conhecido nos últimos anos como "síndrome da classe econômica".

Os locais visitados e a alimentação durante o período que antecede ou culmina com a viagem para tratamento pode interferir no resultado esperado. Muitos países oferecem riscos de contaminação através da água não tratada, frutas que não foram higienizadas corretamente e alimentos regionais com temperos agressivos ao organismo de estrangeiros. A falta de imunidade a doenças comuns ao país pode ser outro complicador, pois várias delas somente se manifestarão algum tempo depois, sendo até mesmo desconhecidas dos médicos no país de origem do paciente.

Pacotes de tratamento médico com opções de atividades culturais e de lazer precisam ser estruturados de forma cuidadosa, para não resultar no impedimento da realização do procedimento se as atividades forem realizadas antes, ou não comprometerem os resultados se as atividades forem realizadas depois de uma cirurgia. A exposição ao sol, chuva, esforços e choques podem não ser aconselhável devido aos danos que podem causar.

Outro grande problema levantado com o turismo médico é a abrangência do direito do paciente. Muitos países não possuem um sistema legal avançado que possa proteger o paciente em caso de imperícia ou erro médico. Caso o procedimento realizado não alcance as expectativas, a cirurgia resulte em danos físicos ou mesmo em óbito, o paciente precisará de apoio jurídico, e que nem sempre estará disponível ou atuará com rigor quando se fizer necessário. Processar um médico ou hospital de outro país por um erro médico pode se tornar uma tarefa hercúlea.

Por outro lado, o universo da medicina permite aos médicos em diferentes países utilizarem uma multiplicidade de tratamentos para o mesmo diagnóstico, e que médicos divergem entre si sobre a melhor forma de tratar um paciente. Da mesma forma o cuidado no pós-operatório normalmente é realizado no país de residência do paciente, onde a conduta médica é diferente de onde foi realizada uma cirurgia. Entender as diferenças legais e éticas entre países é tão valioso quanto procurar conhecer os aspectos culturais, quando o objeto do cuidado é o corpo ou a vida de uma pessoa.

Capítulo 4

CARACTERÍSTICAS INTERNACIONAIS DO TURISMO MÉDICO

Por se tratar de um fenômeno que aumentou sua participação no contexto econômico de muitos países como o Brasil, principalmente os emergentes nos últimos anos, muitos desconhecem o que é o turismo médico e como esse segmento pode ser trabalhado como estratégia de negócios de uma empresa, seja hospital ou clínica, ou ainda como objetivo econômico de um governo. Entender suas principais características torna mais fácil a tarefa de identificar seus reais e potenciais benefícios e possibilidades que apresentam para os setores de saúde (medicina, clínicas e hospitais, fornecedores de insumos dentre outros) e de turismo.

Alguns motivos que têm estimulado a mudança de comportamento da maioria das pessoas que viajam para outros países podem ser entendidos se analisarmos que:

- Especificamente nos Estados Unidos, uma grande parcela da população americana não possui seguro médico ou de saúde, deixando-os completamente dependentes dos valores abusivos cobrados pelo sistema privado. São mais de 45 milhões de pessoas que não possuem um plano ou seguro de saúde ou que estão apenas parcialmente cobertos, e 120 milhões sem um plano odontológico (Woodman, 2008: 12). Muitos se viram em dificuldades ao ficarem doentes e serem obrigados a tomarem empréstimos ou refinanciarem seus imóveis para pagarem seu tratamento médico. E, mesmo o fato de possuir um seguro saúde não é garantia de obter a cobertura para um tratamento, pois o segurado pode não estar qualificado para determinados procedimentos. Ou ainda arcar com os complementos de internações médicas e hospitalares (*co-pays*), que variam percentualmente sobre as despesas de acordo com o plano que o paciente possui.

- Custo elevado e crescente da saúde, principalmente nos países mais desenvolvidos, cuja infraestrutura, tecnologia de ponta, excessivos processos contra médicos e contra hospitais, além do elevado custo da mão-de-obra encarece em muito o tratamento médico e hospitalar.
- Divulgação cada vez maior de informações sobre procedimentos médicos bem sucedidos e novos tratamentos realizados no exterior, pela mídia e através meios de comunicação como a internet com sua presença global.
- Aumento da rapidez das viagens e principalmente o barateamento do transporte aéreo internacional, que além de estimular a indústria do turismo, trouxe outras oportunidades como a associação de lazer, *check-ups* e tratamento médico em outros países.
- A telemedicina, vídeo-conferência e outras formas de contato em tempo real de forma virtual entre médicos e outros profissionais, que estimulou a troca de informações e compartilhamento de experiências, possibilitando um intercâmbio de conhecimento entre profissionais do mundo inteiro. Aulas, congressos e até mesmo cirurgias podem ser acompanhadas ao vivo dos locais mais remotos através de teleconferências, universalizando o acesso a um conhecimento antes restrito a um pequeno número de profissionais que podiam participar desses eventos onde eram realizados.

Tamanho do mercado do turismo médico mundial

Apesar dos dados informados por vários países, ainda não se sabe claramente o tamanho exato desse universo, pois não há um controle específico sobre a atividade e tampouco um organismo internacional que o discipline. Tampouco os hospitais, centros médicos, clínicas e médicos informam aos órgãos de seus países quantos pacientes estrangeiros atendem. Muitos países sequer atentaram para a importância do controle, e possuem apenas números isolados. Porém, segundo um estudo da Deloitte (EUA) estima-se que apenas nos Estados Unidos, cerca de 750.000 americanos viajaram em 2007 para realizar algum tipo de procedimento em outro país. Calcula-se que em 2006 foram mais de 500.000 americanos, o que significa que houve um crescimento de 50% em 2007 sobre o ano de 2006.

Embora não haja números precisos, cálculos preliminares dos principais destinos mostram que o número atual de viajantes aproxima-se dos 3 milhões de pessoas de acordo com os números fornecidos pelos principais provedores (hospitais, organismos de saúde, agentes especializados, etc. que atuam com a atividade). Em alguns países há dificuldades como a falta de registro de estrangeiros, como os americanos que viajam para tratamento em Cuba e não declaram o motivo da viagem devido às sanções adotadas pelo governo americano. Embora as estimativas variem, as mais conservadoras apontam para um mercado avaliado atualmente em 60 bilhões de dólares, com o potencial de atingir os US$ 100 bilhões até 2011.

Entrada de pacientes anualmente em alguns dos principais destinos do turismo médico

País	Ano	Entrada de pacientes
Brasil	2006	40.000
Índia	2007	450.000
Cingapura	2006	410.000
Malásia	2006	300.000
Tailândia	2006	1,2 milhões

Profissionais especializados que atuam no segmento

Devido à quantidade de informações disponível atualmente, alguém que deseja pesquisar informações sobre turismo médico encontrará livros, guias impressos e revistas especializadas principalmente nos Estados Unidos, enquanto que a internet tem sido um dos principais meios de busca de informações devido a facilidade de acesso, filtros e rapidez da resposta. Porém, caso alguém desejar ajuda profissional encontrará atualmente vários grupos que disponibilizam seus serviços aos clientes potenciais do turismo médico. São agentes individuais, agências especializadas e até mesmo os próprios hospitais e clínicas que têm divulgado e criado uma estrutura para oferecer todo um conjunto de serviços ao cliente de serviços de saúde, do tratamento médico ao agendamento de passagens aéreas, hospedagem, alimentação e atividades turísticas, culturais e de lazer. São geralmente divididos em "facilitadores" e "provedores".

- **Facilitadores:** são agentes especializados, agências de turismo médico, empresas de intermediação de serviços médicos, escritórios e representantes de câmaras de comércio exterior, etc. Devido o seu conhecimento e experiência no mercado de saúde, costumam fazer a ponte entre o paciente e o hospital, oferecendo uma série de serviços como tradutores, passagens aéreas, arranjos de consultas, obtenção e entrega de resultados de exames e outros serviços que tornam a vida do paciente em outro país muito mais fácil.
- **Provedores:** são hospitais, clínicas e demais instituições de saúde que atuam diretamente com o cliente provendo o tratamento ou a cura, ou atuando em conjunto com facilitadores. Alguns provedores providenciam inclusive hospedagem e atividades complementares mediante agências internas de captação e acompanhamento de pacientes. Alguns costumam terceirizar essa atividade, porém a oferecem como parte do pacote de tratamento.

Uma diferença básica entre os dois, é que o facilitador auxilia em todo o processo ajudando a encontrar o melhor provedor, no contato médico, nos serviços adicionais como reserva de passagens aéreas, hotéis, táxis, etc.; enquanto que o provedor volta-se para o atendimento médico/hospitalar, complementando com algumas ações geralmente terceirizadas. O foco do primeiro é no suporte e intermediação para o consumidor de serviços médicos e o segundo na realização do tratamento médico.

As situações mais comuns que levam uma pessoa a procurar os serviços de um facilitador ou de um provedor, podem ser:

- Desconhecimento do funcionamento setor de saúde e falta de experiência na condução das atividades de intermediação dos serviços, que podem ser demasiado burocráticas em alguns países;
- Desconhecimento dos riscos e dos melhores provedores de serviços médicos e hospitalares, apesar das indicações em guias e na internet;

- Redução de custos ou economia no tratamento com ou sem o pacote completo (incluindo a viagem e atividades culturais e de lazer);
- Complexidade da logística, como envio e recebimento de exames, laudos, contatos médicos, *follow-up*, principalmente quando o paciente retorna ao país de origem e surgem as dificuldades de contato médico;
- Desconhecimento da cultura do país visitado, do idioma e de outros fatores que interferem no processo de cura. Em alguns casos, por comodidade e para evitar desgaste desnecessário;
- Necessidade de um representante que responda em caso de emergências ou solicitações adicionais, principalmente após o tratamento médico e retorno ao país de origem do paciente.

O quadro a seguir mostra de forma simplificada o funcionamento de um fluxo normal do processo de busca e realização de procedimentos médicos no turismo médico.

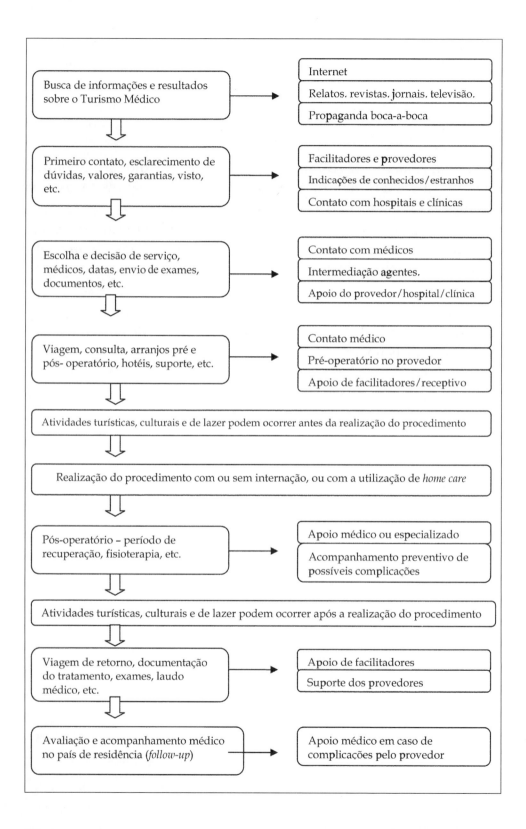

Aspectos culturais e riscos no turismo médico

Como esta é uma atividade que envolve diversos países tanto emissores quanto os que recebem os turistas, é natural que os aspectos culturais e religiosos sejam determinantes na decisão do indivíduo na procura pelo serviço que atenda às suas necessidades. Fatores como hábitos alimentares, religiosidade e características sociais de cada país precisam ser respeitadas, pois trata-se de questões sensíveis e culturalmente complexas. O sexo de um paciente pode determinar o sexo do profissional que o atenderá, conforme os hábitos e costumes de alguns países. A religião pode determinar o tipo de alimentação que será fornecida ao paciente, e a língua falada se a comunicação fluirá ou não. Profissionais e provedores que atuam nesse segmento precisam atentar a situações como:

- Espaço ecumênico, onde diferentes credos possam ser professados sem gerar constrangimentos ou conflitos. Geralmente hospitais e clínicas possuem uma capela ou espaço dedicado à religião principal do país.
- Disponibilizar ou possuir contato com os diversos serviços religiosos disponíveis na região, para que sejam facilmente acionados caso forem solicitados.
- Para pacientes de algumas religiões é necessário que exista espaços adequados com pequenos tapetes (para ajoelhar) e outros acessórios que permita a realização de serviços religiosos particulares.
- Possuir profissionais do sexo feminino em todas as áreas, para cuidar e tratar de pacientes do sexo feminino cujo contato masculino não seja o adequado em algumas culturas.
- Disponibilizar o menu e a alimentação conforme os preceitos de algumas culturas, o que pode significar possuir cozinhas separadas onde rituais possam ser realizados durante a preparação. É digno de nota que hábitos alimentares podem variar de uma região para outra dentro do mesmo país, o que exige um cuidado adicional com a consulta prévia ao cliente antes deste ser hospitalizado.
- Possuir intérpretes ou profissionais capacitados a atender ou intermediar atendimentos e conversações, e que conheçam ou estejam familiarizados com a terminologia médica.
- Certas decisões médicas são tomadas à revelia do paciente, dependendo de quão crítico é o momento ou o risco de morte envolvido, o

que precisa ficar claro em procedimentos de risco, tendo em vista as diferenças na legislação e de órgãos médicos de cada país.
- Tratamentos alternativos ou complementares que fogem do âmbito da medicina tradicional pode ser parte do objetivo da viagem. Há quem opte por tratamentos espirituais, esotéricos e outros onde não há intervenção médica.
- Questões legais, como em caso de falhas e erros ocorridos dentro do hospital ou devido a algum procedimento que resulte em dano no paciente, como o sistema legal do país pode auxiliar em todo o processo.

Em algumas datas específicas ou épocas que antecedem momentos importantes em algumas culturas, é necessário analisar as complicações envolvidas e situações que podem frustrar os planos do paciente, como o tempo de recuperação além do esperado. Desejos e sonhos também podem se transformar em um problema nos dias de hoje, principalmente em uma geração que se preocupa muito com a beleza física é preciso deixar muito claro a diferença entre a *expectativa do paciente* e os *resultados reais* possíveis. Parte considerável das reclamações que ocorrem em procedimentos estéticos são devido à expectativa nutrida por uma paciente, e que não é atendida pela falta de clareza das informações antes da cirurgia. Algo de vital importância na sociedade moderna.

O volume de cirurgias estéticas tem aumentado muito nos últimos anos, com numerosos casos de processos contra médicos por resultados indesejados, danos físicos e até mesmo a morte de pacientes. Para muitas mulheres ou homens que optam por uma cirurgia estética, o sonho de possuir um corpo mais bonito pode se transformar em um pesadelo. De acordo com a Sociedade Brasileira de Cirurgia Plástica (SBCP), no ano de 2008 foram realizadas no Brasil 629.000 intervenções cirúrgicas, sendo 88% em mulheres e 12% em homens. Quanto aos procedimentos, 86% foram intervenções cirúrgicas e 14% não cirúrgicas, sendo 69% estéticas e 31% reparadoras. As principais modalidades foram:

Os quadros mostram o percentual de cirurgias plásticas realizadas no país em 2008

%	Cirurgias Reparadoras
43	Retirada de tumores
13	Acidentes urbanos
12	Defeitos congênitos
12	Queimaduras
7	Acidentes domésticos
13	Outros

%	Cirurgias Estéticas
7	Face
9	Pálpebras
33	Mama
20	Lipoaspiração
7	Nariz
15	Abdômen
10	Outros

Observa-se que as cirurgias de mama lideram os procedimentos dentre as cirurgias estéticas, enquanto a retirada de tumores lidera o número de procedimentos dentre as cirurgias reparadoras. Ainda no tocante ao perfil do público que procura a cirurgia estética, 38% possuem de 19 a 35 anos; 34% de 36 a 50 anos, 28% abrangem as demais faixas etárias, caracterizando o consumo desses serviços por um público considerado ainda jovem.

Sistemas de Certificação e sua importância para o turismo médico

Dentre os critérios que levam um cliente a procurar um tratamento em outro país está a qualidade, sendo para muitos dos que procuram atendimento médico em outros países o primeiro item a ser considerado. Seja dos serviços realizados pelos profissionais médicos e de enfermagem, ou pela infraestrutura de serviços oferecida pelo hospital. Embora seja algo intangível e de difícil mensuração, a qualidade precisa ser algo intrínseco às atividades desenvolvidas, pois as chances de sucesso de um procedimento podem envolver a seriedade do hospital em entregar o que seus profissionais se comprometem.

Por melhor que seja a instituição (hospital, clínica, laboratório, etc.) ou reconhecimento em determinada especialidade médica, ainda assim é imprescindível alguma forma de certificação externa dos serviços que a instituição entrega aos seus clientes. Além de demonstrar publicamente que protocolos e padrões nacionais ou internacionais são seguidos, há uma declaração explícita de compromisso com a qualidade resultando em segurança e confiabilidade dos processos internos.

Sistemas de acreditação costumam transmitir ao paciente a mensagem que ele receberá um cuidado qualitativo, pois se baseiam na manutenção de padrões de cuidado prédeterminados e de ética médica, reduzindo sua preocupação ou resultando em maior segurança ao paciente, pois este sabe que encontrará a mesma qualidade que existe em seu país. Não raro sendo o item determinante na escolha de um hospital em outro país quando se trata do turismo médico.

São numerosos os sistemas de acreditação adotados em diversos países do mundo. Alguns são nacionais, enquanto outros, internacionais. Embora tenham objetivos similares, algumas características podem diferenciá-los tornando-os adequados para determinadas instituições. Cabe a cada instituição de saúde avaliá-los antes de fazer sua opção. Alguns dos mais conhecidos são:

JCI	Joint Commission International (Subsidiária da JCAHO: Joint Commission Accreditation on Healthcare Organizations)
ISQua	International Society for Quality in Health Care
NCQA	National Committee for Quality Assurance
ESQH	European Society for Quality in Healthcare
ISO	International Organization for Standardization
CCHSA	Canadian Council on Health Services
TaS	Trent International Accreditation Scheme

Cada país possui comissões próprias de acreditação, idôneas e independentes, possibilitando também a existência da certificação internacional. Cada sistema tem um foco específico, uns voltados para a qualidade dentro de empresas e indústrias, e outros desenvolvidos especificamente para hospitais. A existência de um sistema de acreditação internacional dentro de um hospital transmite ao paciente a informação que ele terá o mesmo padrão de atendimento, que receberia no seu país de origem. A importância pode ser observada na instituição seguir processos e protocolos que garantem a segurança e cuidado com o paciente. Disciplina também as ações das instituições diante de problemas comuns ao ambiente hospitalar como erros médicos, falhas em procedimentos e outras questões legais, não abandonando o cliente em caso de dano à saúde e vida do paciente. Como a re-certificação ou renovação do selo concedido envolve novas auditorias, isso significa que a instituição mantem um controle adequado e efetivo dos procedimentos trabalhando por uma melhoria constante, e não ficando estagnado com o tempo.

Capítulo 5

AS MOTIVAÇÕES ECONÔMICAS DO TURISMO E DA SAÚDE QUE INFLUENCIAM O TURISMO MÉDICO

Abrangendo dois importantes setores da economia, trazem como característica uma atividade econômica onde o setor de saúde complementa o de turismo e vice-versa. Ambos os setores são afetados pela elasticidade preço-demanda; estão concentrados no setor de serviços; baseiam-se na utilização intensiva de mão-de-obra; dependem de pessoas capacitadas ou profissionais habilitados; e são altamente dependentes ou se aproveitam dos avanços da tecnologia.

Nas últimas décadas o turismo tornou-se uma das principais forças do comércio mundial. A atividade movimenta US$ 4.4 trilhões mundialmente, sendo considerado o setor com o maior crescimento nos últimos anos, representando 10% do PIB mundial, 8% das exportações mundiais e 37% das exportações de serviços no mundo. Outra grande vantagem do turismo, é que tem sido considerado democrático ao beneficiar países ricos e pobres com diferente intensidade e de acordo com seus recursos e atrativos, assim como transfere riqueza dos locais mais ricos para os mais pobres. Como se trata de uma atividade essencialmente humana beneficia principalmente os indivíduos que atuam no setor, diferentemente de outras indústrias onde a maior parte dos recursos é empregada em máquinas e equipamentos.

Tendo como característica a alta tecnologia e fortes barreiras de entrada de novos concorrentes, o setor de saúde possui uma demanda cuja decisão de consumo é mais racional que emocional. Ainda assim o seu crescimento está entre os maiores do mundo. Apenas no final da última década, os serviços de saúde movimentaram a soma de US$ 3 trilhões. O que nos leva a crer que a união dos dois setores cria uma sinergia que os torna ainda maior que a soma das suas partes.

O aumento da importância atribuída aos dois setores tornou-se possível devido às profundas alterações estruturais no comércio e na economia internacional. De uma economia altamente industrializada, o mundo tem presenciado o aumento da participação das atividades ligadas ao setor de serviços que representa em média 60% da produção mundial. Essas alterações impactam não apenas no desenvolvimento econômico do país, como também na distribuição de renda e geração de riqueza, causando transformações estruturais profundas. Outro efeito é a redução da participação de setores tradicionais como agricultura na composição do PIB, mesmo que tenham igualmente aumentado sua participação no comércio internacional e no volume de exportações.

Há, ainda, o crescimento dos mercados internos no consumo dos serviços de saúde nos países em desenvolvimento. São os consumidores considerados de baixa renda que estão na base da pirâmide e que tem sido considerados como um mercado potencial em todo o mundo. Isoladamente não são vistos como uma demanda importante, porém coletivamente podem influenciar o consumo de determinada região. Ademais, o consumidor de baixa renda tende a gastar apenas quando necessita de algum tratamento médico, não investindo em prevenção. Nos países desenvolvidos o consumidor de baixa renda procura por preço, tendo em vista a dificuldade de adquirir os serviços de alto custo ofertados pelo sistema de saúde privado. E, o poder de compra superior de sua moeda pode estimulá-lo a encontrar alternativas que caibam no seu orçamento, inclusive buscando tratamento em outros países.

Mercado mundial de saúde e a população de baixa renda

Região	Mercado de saúde	Consumidores de baixa renda
África	US$ 18 bilhões	486 milhões
Ásia	US$ 95,5 bilhões	2,9 bilhões
Europa Oriental	US$ 20,9 bilhões	254 milhões
América Latina	US$ 24 bilhões	360 milhões
Total	US$ 158,4 bilhões	3,96 bilhões

Fonte: WRI (World Resources Institute) e IFC (International Finance Corporation)

De acordo com o IFC (*International Finance Corporation*) um dos braços do Banco Mundial, o potencial de consumo da população de baixa renda é de US$ 5 trilhões, sendo composto por um montante de aproximadamente quatro bilhões de pessoas (72% da população do mundo). As regiões da América Latina e do Caribe concentram cerca de 360 milhões de pessoas, 21 países, e um potencial de consumo de US$ 509 bilhões. Negligenciado por muitos pelo baixo dispêndio com a prevenção da saúde, a população de baixa renda gasta por ano cerca de US$ 159 bilhões com saúde, sendo que na América Latina esse valor corresponde a US$ 24 bilhões representando 38% do orçamento doméstico.

A importação e exportação de serviços de saúde no turismo

Apesar da maior parte dos negócios em saúde ocorrerem dentro das fronteiras do próprio país, as vendas de serviços médicos e de saúde para países fronteiriços ou de outras partes do mundo tem presenciado um crescimento constante nos últimos anos. Como qualquer outro produto, a saúde constitui-se de numerosos serviços prestados a indivíduos, então considerados pacientes, que ao serem vendidos a pessoas de outros países torna-se uma exportação. O inverso é verdadeiro com a compra de serviços de saúde por uma pessoa em outro país, sendo caracterizado como importação. É matéria de difícil controle, pois trata-se de um serviço intangível cujos custos estão muitas vezes embutidos em outros ditos turísticos. O rastro deixado pode ser estratificado e contabilizado pelos gastos em instituições de saúde, embora ainda assim seja difícil dimensionar o tamanho desse mercado.

A relação de importância das importações e exportações com o crescimento econômico ocorre normalmente com a entrada de moeda forte na economia do país, que vende sua estrutura de serviços expandindo seu setor de saúde gerando empregos que exigem profissionais qualificados, estimulando a pesquisa que traz resultados novos para serem utilizados, estimulando a inovação e modernização das instalações e compra de novos equipamentos, e, finalmente, beneficiando o sistema público de saúde. Mesmo quando ocorrem no setor privado, as descobertas e estudos com seus resultados são transferidas beneficiando o sistema público depois de algum tempo. O investimento em pesquisa, que produz novos equipamentos ou tratamentos, que beneficia em um primeiro momento uma parcela da sociedade tende a ser socializado com o passar dos anos. Não raro atrai a atenção internacional quando se trata de uma inovação, ou na esperança de pacientes que se dispõem a cruzar fronteiras na busca do tratamento, mesmo que experimental.

Diferente de um turista comum estima-se que o turista de saúde gaste de três a quatro vezes mais apenas com transporte, alimentação, acomodações, aluguel de carro ou uso de táxis, serviço de *home care* e passeios. É uma atividade com alto valor agregado, com procedimentos médicos e hospitalares de alto custo sendo realizados em um curto período de tempo. Assim, ao invés de desembolsos rotineiros com passeios e artesanato, esse turista desembolsa altas somas para custear o tratamento, podendo elevar em maior monta a contribuição final para a economia do país. Devido à natureza da sua viagem, os cuidados também são maiores e, portanto, mais dispendiosos, por isso injetam na localidade recursos muitas vezes altos, para um curto período de tempo. Algo muito difícil para o turista comum.

De acordo com a OMT (Organização Mundial do Turismo) um turista estrangeiro gasta em média US$ 158 em um país, enquanto um turista interno gasta US$ 79 nas suas viagens domésticas. Porém, os gastos podem variar bastante de uma cidade ou região para outra, dependendo do tipo de evento, infraestrutura da localidade e produtos turísticos existentes. Dois destinos similares podem ter gastos completamente diferentes. Dois polos de ecoturismo podem vender o mesmo tipo de produto (trilhas, *rafting*, pesca, etc.) e apresentar resultados completamente diferentes se um praticar preços populares e outro destinar-se a um público de alto poder aquisitivo. O mesmo ocorre com os eventos, a média de gasto diário por um turista durante a corrida de Fórmula 1 foi de R$ 600,00 e durante o Salão do Automóvel de R$ 345,00, ambos ocorridos na cidade de São Paulo em 2008.

A Fipe (Fundação Instituto de Pesquisas Econômicas) divulgou em 2007, que o gasto médio de um estrangeiro no Brasil no ano de 2006 foi de US$ 91,74 por dia, permanecendo um período de 18 a 19 dias no país. Uma análise dos números mostra que cada segmento apresenta um padrão de gasto médio diferente do outro. Os turistas que viajam para tratamento médico possuem gastos diferenciados, relacionados ao tipo de tratamento que veio realizar. Há quem deixe uma média diária de US$ 1.200 enquanto outros US$ 450, sendo que a variação ocorre com o custo da cirurgia e o tempo de permanência no país. Dos turistas estrangeiros que entraram no país em 2006, cada segmento contribuiu com:

Gastos/dia	Motivação
US$ 74,53	Lazer
US$ 62,84	Outros motivos
US$ 165,14	Negócios

Os gastos realizados por turistas que viajam ao país para tratamento médico podem variar bastante, dependendo do tipo de tratamento realizado, não existindo ainda no Brasil números confiáveis devido a atividade encontrar-se ainda em uma fase incipiente. Alguns turistas gastam em média US$ 1.200 diários para cirurgias plásticas, enquanto outros US$ 800 em tratamentos ortodônticos. De grande importância, é que serviços dessa natureza são indispensáveis para estimular o crescimento econômico do país, pois são contabilizados na balança comercial como exportação. Dessa forma, toda vez que o país vende seus serviços médicos a estrangeiros, está, na verdade, participando ativamente do processo de exportação de serviços, de uma satisfação, que em economia entende-se como uma utilidade.

A venda e compra de serviços médicos para o turista

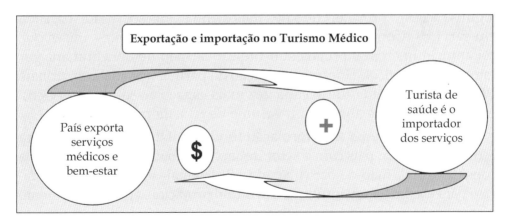

A ilustração mostra que enquanto um país exporta serviços médicos, o turista o importa deixando como pagamento recursos financeiros preciosos que estimularão a economia local. Nesse modelo, o turista é um importador e a localidade a base ou exportadora do produto turístico "tratamento e saúde".

Embora pareça bastante animador, países que também vendem a saúde como um dos seus produtos de exportação como a Costa Rica atraíram no ano de 2005, 1,45 milhão de estrangeiros com uma receita de US$ 1,35 bilhão para o país. Essa receita representa cerca de US$ 1.100 por turista, com gastos bem acima da média mundial e resultando em 9% de participação no PIB do país. A Costa Rica possui cerca de 6% da biodiversidade mundial e 80% dos turistas que visitam o país manifestam desejo de retornar. O Brasil apresenta números um pouco melhores, com 86% de intenção de retorno e com 99% dos turistas informando que indicariam o país a amigos. No entanto, no campo do turismo médico, a Costa Rica beneficia-se mais do que o Brasil da exportação dos seus serviços.

A economia numa sociedade baseada em serviços

Como tem ocorrido nas últimas décadas na grande maioria dos países, houve mudanças significativas nas bases econômicas que sustentam o comércio internacional. Por séculos a economia de muitos países foi centrada no extrativismo, depois na agricultura, migrando aos poucos para a industrialização há até algumas décadas atrás para alguns países, e prevalecendo nos dias de hoje uma sociedade baseada em serviços. Com as transformações econômicas recentes, crises que ceifaram inúmeros empregos, substituição da mão-de-obra humana por fatores tecnológicos e mesmo a redução da participação da indústria no PIB dos países, têm cedido cada vez mais espaço ao setor de serviços, cujo crescimento já atingiu um volume de 60% da produção global.

Trata-se de uma transformação fundamental dentro da estrutura econômica de um país com o setor de serviços absorvendo uma parcela considerável da mão-de-obra liberada pelos demais setores ou que migraram para ele. Essa transformação estrutural propiciou o desenvolvimento e a expansão dos serviços em setores antes pouco privilegiados como da educação (aumento do número de escolas, faculdades e universidades), das telecomunicações (acesso a telefone fixo e móvel, internet), da saúde (maior acesso a tratamento médico, a água potável, esgoto tratado), e de serviços jurídicos (acesso universal à justiça) dentre outros; atingindo um estágio avançado com a terceirização dos serviços, alguns dos quais já terceirizados por outras empresas numa espiral sem precedentes.

Embora anteriormente as trocas internacionais fossem caracterizadas pelas exportações de *commodities*[1] e produtos de valor agregado entre os países, tem sido cada vez mais expressiva a participação de itens do setor de serviços na balança comercial dos países mais ricos. Dentre eles pode se destacar a importação e exportação turística que tem aumentado de forma consistente nos últimos anos, além de outras modalidades como a importação e exportação de serviços legais (direito internacional, consultorias, arbitragem, avaliações e orientações de negócios, etc.) crescendo de acordo com o aumento das relações entre países e complexidade das negociações entre empresas.

Mesmo no campo da medicina onde o setor era caracterizado por trocas físicas de equipamentos, ou serviços prestados por profissionais especializados viajando a outros países; muitos dos laudos e análises de exames que são realizados em um país, são terceirizados a outros em outros continentes que depois os reenviam ao país de origem. Extrapolou-se o campo de venda internacional de equipamentos médicos, chegando aos serviços prestados por empresas de atendimento personalizado realizado por funcionários treinados em outros países que oferecem custos bem menores. O maior exemplo dessa mudança são os *call centers*, onde o atendimento é prestado por pessoas em países diferentes de onde ocorre a chamada.

Muitas vezes pode parecer confuso, com um país que em determinado momento é exportador de serviços médicos ser também importador em outro. Isso ocorre não apenas com as trocas relativas ao atendimento médico a estrangeiros, com pacientes que procuram um país como os Estados Unidos pelos trabalhos de ponta, enquanto um americano viaja ao Brasil para uma cirurgia plástica. Situação semelhante existe também ao modernizar o parque tecnológico com equipamentos médicos de diferentes países e o envio de profissionais para o aprendizado de novas técnicas e procedimentos médicos em outros. Essas transações ocorrem de forma simultânea ou em momentos econômicos propícios, como durante a valorização ou desvalorização da moeda doméstica ou estrangeira, o que for mais benéfico para cada parte.

Diferentemente do padrão comum propalado de forma indiscriminada, nem toda exportação é boa para um país, assim como nem toda importação é ruim. Exportações de algumas *commodities* embora

---

[1] Matéria prima, produtos brutos, como soja, feijão, minérios, etc. Possui pouco ou nenhum valor agregado.

resultem em ganhos, trazem embutido um alto custo logístico que reduz enormemente os lucros. Produtos de baixo valor agregado pouco contribuem com as exportações se comparados aos de alto valor agregado. Acarretam enormes custos, com riscos de devolução e prejuízos, enquanto impactam muito pouco na balança comercial, como ocorre com países em desenvolvimento que exportam enormes volumes de *commodities*, sem aumentar na mesma proporção o saldo comercial. Países desenvolvidos exportam volumes menores de produtos com alto valor agregado e com maior impacto na balança comercial. A comparação da balança comercial de dois países, um desenvolvido com baixo volume de exportação e outro em desenvolvimento com um alto volume de exportação, pode ser esclarecedor ao mostrar que o volume nem sempre é fator preponderante na margem de lucro.

Igualmente, as importações de equipamentos necessários para alavancar a indústria e investimentos em tecnologia que otimizarão o parque industrial de um país, pode pesar na balança comercial e criar uma falsa impressão inicial de prejuízo ou déficit. Contudo, após o início de sua utilização são esses equipamentos e investimentos em tecnologia que tornará o país mais preparado para competir a médio e longo prazo com os demais países, seja modernizando os processos ou reduzindo custos e preços de produtos e serviços em algum momento posterior. Assim, nem toda importação é ruim, mesmo que resulte em déficit na balança comercial. (Vasconcellos: 2006,175)

Embora o turismo seja uma importação de um serviço que pouco contribui para o país importador, sendo mais uma satisfação fruída pelo turista, trata-se também de uma atividade que estimula os negócios, busca inovações, desenvolve relações comerciais fortes, copia modelos e projetos de outros países gerando novos produtos e serviços. Os profissionais do setor de turismo também consideram o turismo uma indústria limpa ou indústria sem chaminés, por não gerar tantos resíduos, detritos ou poluição como as demais indústrias.

Como não há produção industrial, não se esgota os recursos naturais nem os transforma gerando lixo que precisará ser tratado no destino final poluindo ainda mais o planeta. As exportações de bens geram o consumo de recursos naturais valiosos no início da cadeia, poluição e resíduos durante o processo de transformação desses bens, e lixo muitas vezes tóxico no momento do descarte final destes produtos na natureza. Muitas vezes em países distantes de onde foram produzidos. Vantagem que as exportações e importações turísticas gozam possuir sobre a indústria tradicional.

O efeito *linkage* e o multiplicador de renda no turismo

O economista David Ricardo, contemporâneo de Adam Smith demonstrou com a sua teoria das vantagens comparativas que os países deveriam especializar-se na produção e exportação de bens em que fossem mais eficientes, gerando, portanto, uma vantagem competitiva em relação ao resto do mundo, e importando os que fossem menos eficientes. O turismo de saúde tem se aproveitado de fatores como esses ao exportar os seus serviços, aproveitando-se de sua vantagem em relação aos demais países. Mesmo sendo deficiente em outros setores da economia, a eficiência neste permite ao país oferecer tratamentos a custos muito menores, beneficiando-se de fatores como a abundância e o baixo custo da mão-de-obra mesmo qualificada, dos recursos naturais intocados e inevitavelmente da calorosa hospitalidade, praticada de forma diferente nos países mais desenvolvidos. (Vasconcellos: 2006, 223)

Os investimentos realizados no turismo beneficiam numerosos segmentos dentro do setor como a hotelaria, o segmento de alimentos e bebidas (restaurantes, bares, etc.), agências de viagens, aluguel de veículos, etc. Cada segmento possui uma ampla gama de fornecedores de produtos e serviços que criam uma extensa rede ou cadeia geradora de emprego e renda. Um único hotel cinco estrelas utiliza mais de 3.000 itens diferentes, de sabonetes a colchão, de televisores a móveis, de equipamentos frigoríficos a material de construção, estimulando e beneficiando cerca de 52 setores diferentes da economia muitos dos quais sequer ligados ao *trade* turístico.

Como a atividade turística é essencialmente humana, ou seja, está centralizada na atuação do ser humano apesar das inovações tecnológicas, ela beneficia toda uma cadeia de grandes, pequenos e médios fornecedores, além de profissionais das mais diversas formações, comércios no entorno dos equipamentos turísticos e localidades próximas, privilegiando principalmente o ser humano. Há um aquecimento econômico com a pulverização do dinheiro para os mais diversos estratos sociais. O dinheiro gasto nos empreendimentos turísticos sofre menos vazamentos para grandes fluxos que outros empreendimentos de grande porte, devido a grande quantidade de atores envolvidos na prestação de serviços de hospitalidade.

Através do efeito *linkage*, numerosas empresas e serviços são aglomerados ou encadeados ao equipamento turístico, atuando como um elo que une fornecedores das mais diversas cadeias de produtos e serviços, fomentando a economia e estimulando o desenvolvimento da localidade. O resultado pode ser observado pelos multiplicadores de emprego e renda nos diferentes empreendimentos em uma mesma cidade. Com um impacto maior ocorrendo sobre o consumo das famílias, o multiplicador de renda no turismo explica como um determinado gasto gera como consequência numerosos outros gastos em volume muito superior ao investimento inicial. (Lemos: 2000, 28)

O multiplicador pode ser utilizado em outros setores, porém, privilegia poucos segmentos, direcionando parte dos recursos na forma de vazamentos para um montante limitado de fornecedores. O dinheiro circula com menor intensidade entre os consumidores e mais entre empresas e bancos, deixando de aquecer a economia em toda sua potencialidade. No turismo a produção e o consumo são muitas vezes simultâneos, sendo a localidade a base da produção turística. Assim o efeito do multiplicador de renda é sentido com maior intensidade, com os recursos circulando na localidade, e sendo gasto pelos trabalhadores onde residem. Quanto maior o coeficiente multiplicador, maiores são os resultados em uma economia. Em países menos desenvolvidos, cada dólar gasto pelos turistas gera de 2 a 3 dólares adicionais na economia da localidade. (Bookman: 2007, 33)

De acordo com Tribe (2003, 291) o multiplicador keynesiano demonstra os efeitos em uma economia de acordo com os gastos dos turistas, levando a uma alteração na renda nacional. Os investimentos em um determinado segmento como no turismo, geram um fluxo de renda e gastos dentro desse sistema que tende a expandir-se em várias direções, com vazamentos para outros segmentos como o bancário, a saúde, a educação e assim por diante. Da mesma forma, há também novas injeções de recursos provenientes de outros segmentos. São fluxos de entrada e saída, ou de receitas e dispêndios, que dinamizam a economia em montante muito superior ao valor inicial.

Um estudo realizado em Edimburgo (Escócia), sobre o Multiplicador do Turismo Escocês no ano de 1990 mostrou que os turistas estrangeiros e domésticos gastaram aproximadamente 276 milhões de libras na cidade. Os dados também mostraram que de cada mil libras que os turistas gastaram, foi gerado um montante adicional de 346 libras na cidade e 127 libras no restante do país (Tribe: 2003, 293). Assim, os gastos dos turistas em um país causam um efeito na economia muito superior ao valor deixado nos balcões de hotéis e companhias aéreas. Quanto maior o gasto, maior o efeito na localidade. Como os gastos dos turistas que procuram atendimento médico são superiores aos gastos dos turistas comuns, estima-se que os resultados sejam muito superiores.

Mercado de nichos

A atividade econômica baseada na economia em escala produz bens e serviços a determinado preço, por um determinado período de tempo voltado normalmente para grandes grupos de consumidores, conhecidos como consumo de "massa" ou "popular"; enquanto outros preferem focar pequenos grupos conhecidos como "nichos". O turismo de saúde é um turismo de nicho ou focado em um segmento estreito de consumidores que procuram por algo diferenciado. O mercado de nichos reúne um grupo seleto de consumidores que apresentam características similares, cuja demanda é suficiente para constituir ou gerar negócios.

Conforme demonstrado por John Maynard Keynes, que é a demanda que gera a oferta, o surgimento de uma demanda altamente qualificada resulta na oferta de produtos e serviços que a atendam. Embora esteja claro que quanto maior a demanda maior é a oferta numa relação relativamente proporcional, o aumento da demanda costuma impactar no preço de forma inversa, quanto maior a demanda menor o preço do bem ou do serviço (*coeteris paribus*). Uma pessoa quando procura um tratamento médico em outro país, não faz a escolha baseada no país, na rede hoteleira ou nos atrativos que este oferece. A escolha é racional e recai sobre o melhor tratamento ao menor custo oferecido, com pouca influência da localização. É um ledo engano imaginar que a atividade turística se sobrepõe ao tratamento médico. Atividades culturais e de lazer costumam ser agregadas após a escolha do tratamento, e de acordo com este, e não ser um fator preponderante como muitos críticos dessa atividade imaginam ser.

Trata-se de uma atividade complementar que visa ocupar o tempo ocioso do paciente, ou preencher o tempo disponível com atividades adequadas ao tratamento ou a sua saúde. Seria pouco racional um paciente submetido a uma cirurgia cardíaca, participar logo em seguida de um safári na África. Tampouco, haveria bom senso se uma paciente submetida ao procedimento de fertilização permanecesse hospitalizada todo o período até o resultado positivo da gravidez. Portanto, há uma adequação da atividade complementar de lazer ao quadro pré ou pós-operatório do paciente.

Em atividades dessa natureza, riscos à saúde ou vida, ou onde procedimentos invasivos de alta complexidade ocorram, é perceptível que haja a necessidade de um atendimento individualizado e especializado, resultando em serviços de alto valor agregado. Essas características comuns a todas as pessoas que procuram atendimento médico em outro país culminaram na criação de um nicho específico que entendesse as necessidades e desejos desta seleta clientela. Como ocorre com outros nichos, não é o volume ou quantidade e sim a qualidade e diferenciação dos serviços que importam.

Apesar das facilidades que a internet trouxe aproximando pessoas e empresas e das possibilidades que a globalização apresenta, aspectos como cultura, alimentação, língua, questões geográficas e políticas podem tornar-se barreiras ou fatores impeditivos para que alguns negócios se desenvolvam, obrigando a intermediação de terceiros para viabilizar essa troca, tornando menos penoso esse processo. Muitas vezes, o próprio governo dos países ofertantes de infraestrutura hospitalar tem feito esforços para se tornarem referência nesse mercado promovendo ações de divulgação e patrocínio.

As justificativas para a existência de determinados nichos são as mais diversas, estando atreladas ao desejo de exclusividade do ofertante do serviço e necessidade de diferenciação do demandante, como ocorre com os clientes que procuram especialistas renomados internacionalmente. Os segmentos existentes são os mais diversos possíveis, há quem opte por *spa's*; clínicas especializadas em procedimentos ortodônticos ou em desintoxicação de drogas e/ou álcool; países onde é possível obter um órgão para transplante com rapidez; e num caminho inverso abreviar o sofrimento em vida viajando para países que são tolerantes com a eutanásia ou ortotanásia. Porém, independente do segmento ou nicho de atuação, quanto maior o risco ou gravidade do procedimento médico, menor a probabilidade de envolvimento em atividades turísticas na localidade.

Aumento da demanda por serviços médicos no mundo

O aumento da demanda por serviços médicos por estrangeiros trouxe consigo novos negócios e oportunidades para os interessados em viabilizar essa troca. Surgiram agentes e agências receptivas que procuram atender o paciente muito antes deste chegar ao país. Geralmente são serviços que facilitam o contato médico, o transporte, as acomodações e aconselhamentos sobre quais profissionais e hospitais escolher. Nos países que concentram a oferta, agências e agentes atuam como emissivos colocando o cliente em contato com o serviço de receptivo no país escolhido, onde normalmente concentra a demanda, existindo todo um trabalho organizado e programado cuidadosamente.

Contudo, nem todos os estrangeiros que utilizam serviços médicos em outros países o fazem de forma programada. Acidentes, doenças contraídas através da água e alimentos, problemas de saúde inesperados respondem por cerca de oito por cento (8%) de todos os viajantes e turistas que visitam países menos desenvolvidos a turismo. Trata-se de visitas forçadas (não planejadas) ao sistema de saúde local, que pode ocorrer a qualquer instante com quem viaja. De acordo com a Organização Mundial de Turismo, a tendência é de crescimento com o aumento do número de viagens internacionais nos últimos anos, conforme o quadro abaixo demonstra.

Ano	N° de pessoas viajando
1993	500 milhões
2000	700 milhões
2010	935 milhões (expectativa)

Não há necessariamente um perfil característico da demanda por serviços médicos internacionais. Embora os Estados Unidos sejam responsáveis por uma parcela maior do mercado emissivo, a demanda é heterogênea composta por homens e mulheres, jovens, adultos e idosos, provenientes dos cinco continentes e das mais variadas raças, surpreendidos durante uma viagem com algum problema de saúde, muitos dos quais graves, que resultam em cirurgias, hospitalizações prolongadas ou mesmo em óbito. Assim, pessoas de todas as partes do mundo estão sujeitas ao atendimento médico programado ou emergencial, porém configurados como demanda do ponto de vista econômico.

Essa demanda por serviços médicos não envolve apenas os consumidores ricos, existindo uma parcela considerável de pessoas consideradas de classe média em seus países que também buscam tratamento médico em outros, gastando bem menos que os demais. Assim como um empresário angolano vem ao Brasil para realizar uma cirurgia cardíaca, devido a qualidade e avanço técnico do cuidado no Brasil, um brasileiro pode viajar para a Índia e realizar o mesmo procedimento com o mesmo padrão de qualidade a um custo muito inferior ao realizado no Brasil. São fluxos cruzados com motivações diversas dificultando a caracterização da demanda.

Muitas questões demográficas e geográficas levantadas tornam-se irrelevantes diante da importância da receita gerada com essa atividade no mundo, especialmente para os países exportadores de serviços médicos. O conhecimento do destino e os valores cobrados é que fazem a diferença para o consumidor de serviços médicos. Uma cirurgia plástica que custaria 20.000 mil dólares nos EUA pode custar apenas 1.250 dólares na África do Sul. Uma troca de válvula aórtica que nos EUA pode ultrapassar os 100.000 dólares chega a custar cerca de 11.000 dólares na Índia com o mesmo padrão de qualidade e hospital acreditado pela mesma instituição acreditadora, a *Joint Commission International (JCI)*. Um *check-up* simples composto por exames de sangue, RX, eletrocardiograma, ultrassom abdominal e teste pulmonar cujo valor na Índia é de 84 dólares, tem como valor mais baixo entre os países de primeiro mundo 574 dólares na Inglaterra.

Diante da possibilidade de acesso ao tratamento médico de qualidade e a preços razoáveis, o que parece diferenciar um turista de saúde do outro é o orçamento ou a predisposição em custear o serviço. Pacientes ricos procuram hospitais luxuosos, de alta complexidade e geralmente adicionam atividades culturais e de lazer permanecendo um longo período de tempo no destino. Enquanto que os menos capitalizados procuram hospitais que caibam no seu orçamento ou mais próximos do seu país, geralmente em regiões fronteiriças, permanecendo apenas o tempo necessário e adicionando atividades culturais e de lazer somente quando possível. São diferenciais importantes, pois no primeiro grupo prevalece o cuidado e a alta tecnologia, e no segundo grupo abre-se espaço para o cuidado sobre a tecnologia, embora com baixo impacto em toda a cadeia criada pelo turismo de saúde. O efeito é sentido apenas nas atividades complementares ao tratamento médico que podem ser prescindidas.

De acordo com um relatório sobre o mercado de saúde, elaborado pela UNCTAD (Conferência das Nações Unidas sobre o Comércio e Desenvolvimento) "A tendência global da saúde pública, com a consequente redução da cobertura do cuidado a saúde, pode encorajar um número maior de pacientes a procurar tratamento em países onde a razão preço/qualidade é mais vantajosa do que em casa" (1997, 3). Há uma relação clara entre o aumento da demanda por serviços médicos em outros países, e a redução de preços e aumento da qualidade em outros países, superando inclusive os existentes na localidade onde o turista de saúde resida.

Um efeito adverso, é que a demanda por serviços médicos tem produzido também alterações nos fluxos de profissionais entre países demandantes e ofertantes de mão-de-obra qualificada. Embora os fluxos sejam alterados em determinados períodos de tempo, o relatório da UNCTAD (1997, 6) mostra que os países em desenvolvimento são responsáveis por cerca de 56% dos médicos que migram para países desenvolvidos, enquanto que a proporção inversa é de apenas 11%.

Trata-se de uma situação cada vez mais comum especialmente nos países mais pobres, onde profissionais da saúde buscam melhores oportunidades em países mais atraentes, enquanto seu país se torna atraente aos profissionais de outros países menos desenvolvidos. A Jamaica exporta enfermeiros para os Estados Unidos e importa profissionais de Mianmar e da Nigéria. A África do Sul exporta profissionais para o Canadá, Estados Unidos e Inglaterra. Enquanto Mianmar e Nigéria trazem em determinados momentos profissionais de Cuba e países vizinhos como Moçambique.

Na prática ocorre uma fuga de "cérebros" ou profissionais capacitados para países que pagam melhor e oferecem melhores condições de vida e de crescimento profissional, deixando um vácuo no país de origem que precisa ser preenchido por outros profissionais. Surge um efeito perverso, com um país drenando cérebros de outros, resultando em medidas adotadas por alguns governos para reduzir ou limitar essa perda, embora exista sempre profissionais ávidos por melhora em outro país para repor essa necessidade que surge.

Por outro lado, os profissionais que deixam seu país para atuar em outro mais rico, costumam enviar para sua terra natal parte dos recursos obtidos, estimulando a economia e representando um volume anual significativo de divisas estrangeiras. Em determinado momento muitos retornam abrindo clínicas e hospitais contribuindo até mesmo com o setor de saúde. É difícil determinar o resultado final como sendo bom ou ruim para o país no longo prazo. Ademais, migrações sempre ocorreram dentro de todos os países de uma região para outra, mesmo os mais desenvolvidos. Também ocorre com profissionais deixando o setor público para atuar no setor privado e vice-versa, oxigenando o sistema de saúde nas suas diferentes esferas, cada qual com suas motivações.

Características importantes da demanda por serviços médicos

Apesar da demanda ser heterogênea, algumas características são comuns aos indivíduos que procuram tratamento médico, muitas das quais preventivas. O cuidar de si está atrelado a algumas variáveis que precisam ser levadas em conta no contexto econômico, como os citados abaixo.

Renda: quanto maior a renda de um indivíduo, maior será a probabilidade de este cultivar hábitos saudáveis e investir em ações de bem-estar. Com raras exceções, um padrão de vida superior normalmente vem acompanhado de uma educação de qualidade, da prática de esportes, de viagens mesmo que ocasionais e ainda de atividades culturais e de lazer. Há também uma preocupação e cuidado com a aparência e com os aspectos físicos pessoais e muitas vezes das pessoas com as quais se relaciona.

Trata-se de grupos de pessoas que têm uma preocupação muito maior que a média geral com a saúde realizando *check-up's*, exames preventivos e consultas regulares com médicos. Também são mais saudáveis por possuírem um índice de fumantes inferior aos da população de baixa renda. A preocupação com a saúde pode ser observada também nos meios utilizados para retardar o envelhecimento e maximizar os atributos joviais. Uma grande parcela de consumidores potenciais vive nos Estados Unidos, onde há cerca de 80 milhões de *baby boomers* dispostos a gastar altas somas para manter ou recuperar sua saúde. Na Europa, algumas seguradoras e operadoras de planos de saúde têm custeado ou pago parte de mensalidades de academias, com o intuito de estimular a prática de exercícios físicos e melhorar a saúde dos seus associados.

Custo: de acordo com Bookman (2007, 51), em 2001 mais de um milhão de americanos informaram que suas dificuldades financeiras e motivos que os levaram à falência deveram-se aos custos exorbitantes de tratamentos de saúde. Não se trata apenas dos valores dos tratamentos em si, sobrecarregados pela medicina defensiva para custear inúmeros processos, como pelos anos de pagamento de planos de saúde seguidos de uma negativa quando da necessidade de realizar algum procedimento complexo ou de alto custo, ou dos infindáveis complementos cobrados de quem possui o plano de saúde.

Reputação/Referência: muitos países são conhecidos e reconhecidos na comunidade internacional pela competência e resultados em determinados campos da medicina, outros oferecem privacidade, e ainda outros alternativas de tratamento que não poderão ser encontradas em outro local. Ademais, com o acesso a informação via internet e outros meios como a vídeo-conferência, algumas pessoas mostram-se mais propensas a procurar o tratamento onde este estiver.

Afinidade cultural: muitos profissionais que deixaram seus países para viver e trabalhar no exterior retornam ao seu país natal quando precisam realizar algum tratamento médico. Uma das razões que transformou a Índia em uma das pioneiras no turismo médico foi o fato de receber de volta muitos dos que haviam migrado para outros países, de primeira e mesmo de segunda geração para tratamento. Fatores como falar a mesma língua, crenças similares, uma cultura familiar arraigada, a possibilidade de estar próximo de familiares e amigos, além dos preços menores se tornarem atrativos, são determinantes no retorno ao país natal.

Muitos americanos que vão à Costa Rica e às Filipinas, escolhem o país pela possibilidade de falarem a mesma língua com profissionais e em hospitais. O mesmo ocorre com a religião que também pode ser outro fator determinante na demanda, especialmente para turistas islâmicos que exigem uma atenção especial com a alimentação diferenciada e suas orações diárias. Para tornar a adaptação mais amena países como a Malásia desenvolveram programas como o "sinta-se em casa" (*Feel at Home*) com áreas exclusivas para os pacientes com comida árabe e oriental, apresentações musicais e de danças específicas. Na Tailândia, o Hospital Bumrungrad construiu uma ala específica para pacientes oriundos do Oriente Médio, com intérpretes árabes, alimentação que atende aos preceitos religiosos, e até mesmo tapetes especiais para orações.

Distância: muito embora quem procure alguma forma de tratamento médico vai onde ele se encontra, atualmente há uma parcela da demanda que leva em conta a distância, especialmente os pacientes idosos, adoentados ou cuja permanência por longas horas sentados em um voo pode ser um problema. A busca por destinos próximos da residência ou do país onde reside é maior para alguns segmentos com tempo ou renda limitada, faixa etária avançada ou dificuldade de deslocamento por exigência de aparato demasiadamente dispendiosos. Nesses casos, muitos americanos preferem viajar para países fronteiriços como o México e o Canadá, ou fazendo voos curtos para a Costa Rica. Igualmente muitos italianos procuram a Romênia, e pacientes de Bangladesh, Nepal e Sri Lanka viajam para a Índia com os mesmos objetivos.

Internet - uma ferramenta poderosa

Dentre os muitos meios de comunicação disponíveis na atualidade, seja a mídia impressa ou televisiva dentre outros que variam na forma e conteúdo, a internet tem sido considerada a ferramenta mais poderosa para divulgação e informação do turismo médico no mundo. A sociedade moderna tem vivenciado um aumento sem precedentes na oferta de informações sobre saúde, doenças e suas implicações no formato de livros, revistas, artigos e programas de televisão. Como resultado, é possível que qualquer pessoa pesquise e obtenha respostas sobre sua doença, quais tratamentos estão disponíveis, e em que parte do mundo é possível realizá-lo. Muitas vezes, o paciente e seu médico vivenciam situações embaraçosas durante uma consulta médica, tendo em vista o alto grau de informação ou de desinformação de uma das duas partes.

Com um crescimento exponencial e alcance global, a internet tem revolucionado o universo da informação facilitando a comunicação entre diversos países e beneficiando vários segmentos do comércio, através da troca de informações e venda de serviços e beneficiando segmentos como o turismo médico. Ao recorrerem à internet ocorreu uma descentralização dos serviços de ambas as indústrias: da saúde e do turismo, com o cliente elegendo seus provedores de serviços e estruturando sua própria viagem. Anteriormente, havia uma alta dependência de agentes ou operadores que detinham os meios de facilitar o fluxo de informação. Atualmente, através da internet o cliente e o provedor do serviço podem se comunicar de forma rápida e efetiva sem os ruídos tradicionais nesse sistema.

Não fugindo da oportunidade que a internet permite, os provedores de serviços médicos também têm se aproveitado dessa ferramenta para criar vantagens competitivas nesse mercado ao divulgar os seus serviços. Intermediando os serviços entre o cliente e os provedores, que podem ser entendidos como hospitais, operadoras e agentes de turismo (locais), assim como os governos através de seus departamentos de saúde.

Não se trata apenas de um meio eficiente, de baixo custo e longo alcance para atrair a demanda. Para alguns países como Cuba, a internet é a única ferramenta que lhes possibilita divulgar e atrair clientes dos Estados Unidos devido às sanções que a ilha sofre há décadas. Mesmo nos demais países os hospitais encontram na internet um canal que os permite mostrar imagens de quartos e espaços especiais com o objetivo de atrair mais clientes.

Da mesma forma agentes e operadores localizados nos países emissores e ofertantes de serviços de saúde procuram captar seus clientes pela internet oferecendo a localização, mediação e todo o suporte necessário entre pacientes e hospitais. É cada vez maior o número de hospitais que disponibilizam em suas páginas, informações atualizadas sobre equipes médicas, especialidades, valores de consultas e de pacotes de procedimentos cirúrgicos, e até mesmo viabilizando a pré-consulta *online*. Algo difícil de ocorrer com agilidade sem essa grande via de comunicação virtual, imprescindível para o mundo de hoje.

Divulgação do turismo de saúde em outros países

Os principais países exportadores (provedores) de serviços médicos têm utilizado diferentes meios para divulgar e atrair clientes nos países importadores, como abertura de escritórios e agências de promoção, patrocínio de eventos internacionais, inclusão do item como prioridade na balança comercial, apoio a hospitais e governos estaduais na promoção e divulgação no exterior.

Cuba tem escritórios na Argentina, Bolívia, Bahamas, Colômbia, Espanha, México e Panamá. O Brasil utiliza-se da Agência Brasileira de Promoção de Exportações e Investimentos (APEX-Brasil) para divulgar seus serviços no exterior. A Malásia promoveu o seminário "Malaysian Healthcare Services" em Oman, para tornar-se conhecida como destino do turismo de saúde. A Tailândia também promove anualmente eventos divulgando seu sistema de saúde para estrangeiros e mídia em geral, enquanto Dubai prepara o lançamento do complexo hospitalar "Dubai Healthcare City" com o objetivo de se transformar em referência internacional no turismo médico.

É cada vez mais comum encontrar jornais nas principais cidades do mundo como Londres, Paris, Nova Iorque e Hong Kong anunciando serviços médicos de hospitais e infraestrutura de países para todos os tratamentos e bolsos. Revistas trazem grandes e vistosos anúncios e guias especializados têm abundado nas livrarias e pontos de venda dos países considerados polos emissores. A propaganda boca-a-boca é outra arma poderosa que tem sido utilizada com muita frequência, até mesmo pelos provedores para convencer os novos clientes de como podem economizar e obter um tratamento e atendimento melhor do que em seu próprio país de origem. Visitas às páginas de facilitadores na internet estão repletas de relatos de quem já passou por algum procedimento em outro país servindo de base para decisões dos que procuram alguma orientação.

Capítulo 6

MOTIVAÇÕES DETERMINANTES DO TURISMO MÉDICO NO MUNDO

O turismo de saúde tem presenciado um crescimento constante e sustentável nos últimos anos, transformando-se em um dos muitos serviços geradores de receita em hospitais de primeira linha (ou considerados "*top*" de mercado) localizados em diversos países, seja na Europa, Américas ou Ásia. Na busca por um tratamento médico ou alguma forma de recuperação da saúde, um número cada vez maior de pessoas tem viajado a diferentes países, tornando-se o que se convencionou a chamar "turistas de saúde", estimulando dois setores importantes da economia que são o turismo e a saúde.

Embora o termo turismo de saúde possa trazer à mente algo relativo ou voltado exclusivamente ao turismo, trata-se na verdade de uma atividade ligada mais à área de saúde do que necessariamente do turismo. Este apenas tipifica a tipologia adotada sendo um segmento que oferta a infraestrutura para que o cliente de saúde viaje e tenha suas necessidades satisfeitas nesse período. Vai mais além quando complementa o período de recuperação, ou pré e pós-tratamento com atividades culturais, de lazer ou propriamente turísticas. Assim, o termo adotado não furta a característica principal da atividade que é a busca pela cura e não de uma viagem turística de lazer ou de férias.

O número de países emissores é cada vez maior, tendo em vista que as condições econômicas, sociais e mesmo a carência ou insuficiência de serviços de excelência em saúde, tem aumentado o fluxo de pacientes para os diversos países receptores. Os principais países receptores são a Tailândia, Índia, Malásia, Cingapura, México, Brasil, África do Sul, Hungria, dentre outros 20 destinos. Os países não estão listados por ordem de importância ou fluxo de turistas, embora a Tailândia e a Índia sejam as referências na atualidade. Os Estados Unidos ainda é o principal emissor de turistas de saúde, embora a demanda seja composta por numerosos outros países especialmente da Europa e dos países árabes.

As motivações são diversas e podem variar de acordo com o país emissor, em alguns pode prevalecer a motivação econômica e em outros a inexistência de hospitais de alta complexidade. De uma forma geral os principais motivos para a realização dessas viagens e tratamentos em outros países podem ser resumidos em:

• **Motivação Econômica**

Com o aumento do custo de saúde em países considerados ricos ou de primeiro mundo, especialmente os Estados Unidos (o principal emissor de turistas de saúde), tendo um montante de 45 milhões de americanos sem cobertura para assistência médica particular ou parcialmente cobertos por seus seguros, ou ainda 120 milhões sem assistência odontológica, há um enorme contingente de americanos que se encontram em difícil situação quando adoecem ou precisam de algum tratamento médico-hospitalar.

Os custos crescentes e aviltantes da saúde têm transformado muitos americanos de credores a devedores. Há quem precise hipotecar a casa ou ainda contrair empréstimos para pagar ou complementar o que o plano de saúde não cobre. Os altos valores cobrados pelos hospitais e médicos, os inevitáveis complementos que sempre surgem após alguma hospitalização, a beligerância jurídica transformou o mercado de saúde americano numa grande oportunidade para outros países explorarem.

Diante desses e outros problemas, milhares de americanos além de pessoas de diversas nacionalidades perceberam que podem realizar os mesmos procedimentos, com as mesmas garantias encontradas em seu país, em outros países e com um valor muito inferior. Muitos estrangeiros utilizam ainda esse excedente financeiro que sobra para fazer alguma atividade cultural, de lazer ou turística complementar. O quadro a seguir mostra a diferença de valores cobrados pelos mesmos procedimentos cirúrgicos em diferentes países. É possível perceber a grande diferença do valor cobrado nos Estados Unidos e em outros países para os mesmos procedimentos médico-hospitalares.

Tabela comparativa do custo de procedimentos cirúrgicos em alguns países, calculados em dólares (US$)

Procedimento	Custo nos EUA	Custo na Índia	Custo na Tailândia	Custo em Cingapura	Custo na Malásia
Cirurgia Cardíaca	130.000	10.000	11.000	18.500	9.000
Troca de válvula cardíaca	160.000	9.000	10.000	12.500	9.000
Angioplastia	57.000	11.000	13.000	13.000	11.000
Cirurgia de quadril	43.000	9.000	12.000	12.000	10.000
Histerectomia	20.000	3.000	4.500	6.000	3.000
Cirurgia de joelho	40.000	8.500	10.000	13.000	8.000
Cirurgia na coluna	62.000	5.000	7.000	9.000	6.000

Fonte: Woodman (2007, 7)

Quadro comparativo de custos de tratamento odontológico em alguns países, calculados em dólares (US$)

Procedimento	EUA	México	Costa Rica	África do Sul	Tailândia
Implantes	2.400	1.500	1.650	2.000	1.600
Coroas	800	375	400	800	270
Porcelana (capa)	800	120	160	300	240
Dentadura	1.600	1.000	1.100	1.700	900
Restauração (*inlays* e *onlays*)	420	220	240	320	300
Extração cirúrgica	260	120	120	250	120
Canal (tratamento)	750	260	280	400	110

Fonte: Woodman (2007, 7)

Uma análise subjetiva ou primária pode passar a falsa impressão de que os baixos valores devem-se a médicos e demais profissionais de saúde com qualificações inferiores que os dos grandes centros médicos, ou ainda que são realizados em hospitais simples e desprovidos de todo aparato tecnológico existente em países avançados. Ledo engano. Boa parte dos médicos nesses países estudou em universidades de renome nos Estados Unidos e Europa, com um currículo muitas vezes superior ao dos seus colegas de nações mais desenvolvidas. Os hospitais costumam superar os existentes no primeiro mundo, seja pela qualidade das instalações, seja pelos mesmos padrões e exigências seguidos nesses países, utilizando-se inclusive das mesmas certificações.

É cada vez maior o número de americanos e europeus que procuram hospitais em outras partes do mundo, visando realizar os mesmos procedimentos com igual segurança e tranquilidade despendendo muito menos recursos financeiros, e ainda associando a recuperação a atividades turísticas. Os valores menores não são fruto de mágica econômica, mas de um custo menor na operacionalização da infraestrutura hospitalar, do menor custo com mão-de-obra especializada, e mesmo com serviços que não oneram demasiadamente as instituições de saúde.

- **Motivação pela qualidade**

Há alguns anos atrás uma pessoa que desejasse realizar algum procedimento médico-hospitalar de alta complexidade ou de risco, e que dispusesse de recursos financeiros suficientes, viajava a outros países do primeiro mundo pela dificuldade em encontrar serviços semelhantes com tecnologia e qualidade e competência profissional disponível no seu país.

Ocorreu uma inversão nesse fluxo com as mudanças ocorridas no universo da saúde, resultando em hospitais com padrões de atendimento semelhantes ou superiores aos dos existentes nos países do primeiro mundo. Dentre os fatores que tornaram isso possível podem ser elencados:

- O acesso à tecnologia que permitiu que equipamentos de ponta ou recém-lançados estejam em operação rapidamente em outros países se igualando em tecnologia e capacidade técnica.
- Um número cada vez maior de profissionais de todas as áreas da saúde que estudam, fazem aperfeiçoamentos ou participam de pesquisas em universidades e hospitais renomados no exterior.
- Larga utilização de programas e sistemas de avaliação da qualidade sendo implantados em numerosos hospitais com sucesso, tornando os processos e gestão mais eficientes além de produzir mais resultados. Principalmente a Certificação por instituições idôneas e reconhecidas mundialmente como a americana JCI (*Joint Commission International*), a canadense CCHSA (*Canadian Council on Health Services*) que avaliam os hospitais como um todo, dentro dos mesmos padrões de qualidade

na assistência internacionais; e em setores isolados a ISO (*International Standardization for Organization*) mais limitada no ambiente hospitalar, porém de inestimável valia.

Certificações e programas da qualidade, reconhecidos internacionalmente, garantem aos turistas de saúde que eles encontrarão em hospitais fora do seu país o mesmo padrão de qualidade e segurança exigidos em seu próprio país, pelos mesmos órgãos acreditadores ou certificadores.

• **Motivações derivadas de barreiras étnicas, culturais e religiosas**

Grande parte das pessoas que procuravam países como os Estados Unidos para alguma forma de tratamento passaram a procurar outros destinos após o atentado de 11 de setembro de 2001 em Nova Iorque. Dificuldades impostas pelo governo americano em nome da segurança; a desconfiança que se seguiu a estrangeiros de determinadas nacionalidades; barreiras à entrada de imigrantes e problemas culturais que acentuaram a xenofobia em algumas regiões estimularam muitos a procurarem alternativas em outros países mais receptivos.

A incerteza quanto ao respeito à religiosidade e fé de alguns grupos, aliado ao preconceito e barreiras culturais têm motivado muitas pessoas a migrarem para locais mais amigáveis ou que não resultem em constrangimentos quando de tratamentos médicos e procedimentos estéticos como uma cirurgia de troca de sexo.

Embora um país possa oferecer serviços atrativos a pessoas em outros países, a dificuldade de comunicação imposta pelo idioma, e consequentemente o choque cultural pode impedir uma pessoa de viajar de um país a outro. Receios fundamentados em informações colhidas na mídia ou através de relatos de terceiros são poderosos em desestimular viagens em busca de tratamento. Afinal, há uma entrega do corpo ou da vida a pessoas estranhas, e se houver qualquer empecilho ou desconfiança, compromete-se o interesse na busca.

• **Motivações devido à boa oferta de infraestrutura**

Houve o surgimento de um novo conceito nos hospitais, conhecido no Brasil como hotelaria hospitalar, que além de resultar em novos modelos de hospitais (*design*, cinco estrelas, alto luxo, etc.) alteraram sua planta e estrutura de forma a tornarem-se tão confortáveis e luxuosos como hotéis cinco estrelas, permitindo que a estada do paciente fosse menos penosa e auxiliasse no bem-estar do cliente durante o período de tratamento.

Foram introduzidos uma ampla gama de novos serviços que com um atendimento personalizado tem reduzido o estresse e o desgaste provocado pelas internações hospitalares. Novos espaços mais aconchegantes, decoração moderna, funcional, iluminação diferenciada e utilização de cores, música e artes, aliaram-se aos serviços de gastronomia internacionalizada e atendimento pessoal bem distante dos hospitais tradicionais. Mais que isso, os hospitais assumiram uma nova imagem voltada para a cura e o bem-estar dos clientes, e não mais aquele ambiente doentio e frio comum aos hospitais de outrora.

Arquitetura diferenciada, a atuação de decoradores, utilização de iluminação natural complementado com quartos confortáveis e serviços antes exclusivos de hotéis de luxo como restaurantes com prestigiados *chefs*, gerentes de hotelaria e *concierges*, passaram a ser uma rotina nos hospitais privados de alto padrão. A parceria com instituições de outros países estimulou a troca de informações e diferenciação dos serviços, como estratégia de marketing para captar e fidelizar a clientela de alto poder aquisitivo e que possui os melhores planos de saúde ou podem arcar com as despesas em dinheiro.

• **Motivações voltadas para o calor humano e receptividade**

Outro fator que tem um peso relativo, porém que não pode ser ignorado na escolha do destino é o calor humano do país anfitrião. Embora seja uma escolha racional e justificada por razões técnicas, a receptividade e o cuidado dispensado ao estrangeiro costumam ser maior que a dispensada aos próprios cidadãos nesses países, influenciando mesmo que minimamente a decisão pelo destino. Como alguns livros que abordam o turismo de saúde, o tratamento caloroso e a atenção personalizada compensam em muito os dissabores de longas viagens, e é relevante quando se considera o frio tratamento dispensado na grande maioria dos países.

Não bastasse o calor humano, para enfrentar as dificuldades ou barreiras linguísticas e culturais, alguns hospitais como ocorre na Tailândia contam até mesmo com o apoio de uma agência de turismo dentro do hospital ou algum receptivo na localidade para viabilizar todo o trâmite relativo à viagem, hospedagem e atividades complementares como culturais e de lazer que o cliente desejar.

A especialização e o foco em determinadas áreas da medicina tornaram alguns países referências em cirurgias e tratamentos. Já existem diversas publicações, principalmente nos Estados Unidos, como guias que indicam e orientam os pacientes a encontrarem o país certo para o tratamento desejado. Alguns países são conhecidos internacionalmente como referência em determinados campos da saúde, conforme o quadro abaixo mostra. Embora estes e outros países sejam referências em numerosos outros procedimentos, ainda não são tão conhecidos ou mesmo divulgados ao turista de saúde.

País	Procedimentos mais procurados
África do Sul	Fertilidade (diagnóstico e tratamento)
Antígua	Recuperação de viciados (drogas e afins)
Brasil	Cirurgias plásticas, abdominais e ortopédicas
Índia	Cirurgias cardíacas e ortopédicas
Hungria	Talassoterapia
México	Tratamento dental

Fonte: Woodman (2007, 5)

A indicação e escolha estão relacionadas a diversos fatores como a capacidade da equipe médica, serviços oferecidos pelo hospital, o atendimento ao paciente no próprio idioma, respostas satisfatórias aos questionamentos do paciente, infraestrutura adequada do hospital, certificação internacional, currículo do médico, serviços de apoio fora do hospital, dentre outros requisitos. Apesar das barreiras linguísticas e culturais, o aumento rápido dessa atividade e o testemunho positivo de quem tem procurado tratamento fora do país, tem feito numerosos hospitais se voltarem para esse público altamente rentável.

A mudança pode ser percebida nos esforços de governos em divulgar sua capacidade instalada na área de saúde em congressos e eventos internacionais, viabilização de vistos e estímulo aos dois setores. Por outro lado os hospitais têm procurado agregar valor aos seus serviços adequando-os também aos padrões internacionais na expectativa de aumentar sua participação nesse mercado. No sentido inverso, operadoras de saúde já estudam expandir sua rede credenciada para países fora do território onde operam, custeando apenas o tratamento médico caso o cliente desejar.

A hotelaria hospitalar dentro do turismo de saúde

Dentre as principais mudanças percebidas nos últimos anos nos hospitais estimulando o turismo de saúde, está a hotelaria hospitalar que trouxe consigo uma filosofia de atendimento diferenciado ao cliente de saúde com uma estrutura similar à encontrada em hotéis de luxo em diversas partes do mundo.

Embora surgisse como apoio ao atendimento médico e da enfermagem ao minimizar o desgaste e o estresse provocado por uma internação hospitalar, a hotelaria hospitalar contribuiu para humanizar o hospital e tornou-se uma estratégia bem sucedida de venda dos serviços, por associar a imagem do hospital à qualidade e competência técnica, atraindo os melhores profissionais e resultando em ganhos diversos para a instituição hospitalar. A boa imagem vende o seu conteúdo que se for bom, promoverá ainda mais a imagem do hospital. Esse modelo de hospitalidade difundiu-se com vigor pelo mundo sendo aplicado principalmente em hospitais na Ásia, onde o atendimento e satisfação das necessidades e desejos dos clientes são levados a sério.

São várias as características dos hospitais e clínicas que trabalham a hotelaria hospitalar, podendo ser percebidas pelo saguão ou *hall* de entrada amplo, espaçoso e sempre que possível iluminado naturalmente. Alguns hospitais utilizam-se de escadas rolantes para acesso ao mezanino. Pinturas, plantas e cores fortes são comuns e valorizam a entrada, normalmente com a presença de pessoal especializado. Há uma similaridade com o ambiente de grandes hotéis, com serviços tais como capitão-porteiro, mensageiros, manobristas, lojas diversas, música ambiente, exposição de artes e outros serviços até então incomum na área de saúde.

Esse novo modelo de hospitalidade em hospitais produziu mudanças nos postos ou unidades de enfermagem com iluminação e decoração diferenciada, fuga do padrão básico de pisos comuns aos hospitais, e a utilização de temas diferentes nos andares ou unidades de internação. Os corredores e áreas de espera criam uma fuga do padrão tradicional de locais fechados com paredes vazias ou apenas televisores para distração. Os espaços procuram ser aconchegantes e reproduzem um clima de acolhimento distante do pesar comum a alguns ambientes hospitalares. Praças internas, esculturas, painéis de arte e exposições temporárias torna a espera menos desgastante e cansativa, e a circulação interna menos tensa. O resultado foi o surgimento de ambientes mais acolhedores e mais "humanos".

No ambiente utilizado pelo paciente, surgiram suítes confortáveis com ar-condicionado, camas elétricas, *freezers*, televisores de plasma, acesso à internet *wireless*, dentre outras comodidades como conjuntos de amenidades, jornais e revistas dentre outras cortesias. Em países como a Tailândia, Índia e Dubai, algumas suítes de hospitais possuem sala de reunião e/ou de visitas que antecede o quarto do paciente. Nas salas de espera, amplas e decoradas, costumam predominar cores vivas ou quentes, plantas e flores, poltronas e sofás de tecido, embora o interior do quarto seja de cores amenas. No Brasil, devido a legislação alguns dos itens comuns em hospitais nos Estados Unidos, Europa e Ásia não são permitidos, como cortinas, pisos de madeira, tapetes e carpetes, sofás e poltronas de tecido dentro dos quartos dos pacientes. Curiosamente, apesar do zelo excessivo dos órgãos governamentais, esses mesmos hospitais, muitos dos quais referências internacionais possuem índices de infecção hospitalar inferiores aos nossos.

A hotelaria hospitalar trouxe consigo uma grande quantidade de serviços adicionais oferecidos por muitos hospitais, indo além das lojas de flores, souvenires e medicamentos. Alguns dos serviços pouco comuns à nossa cultura são agências de viagens, *business center*, *cyber corners*, restaurantes típicos e cafeterias de marcas tradicionais como Starbucks e McDonalds, que embora cause algum estranhamento a muitos profissionais, destina-se ao atendimento de visitantes, acompanhantes e funcionários, como uma Unidade de Negócio dentro do hospital. Apesar das contradições envolvendo as cadeias de restaurantes, muitos clientes simplesmente atravessam a rua e utilizam o restaurante *fast food* mais próximo que encontram, independente da orientação médica e de saúde, por parte de profissionais que sequer as seguem eles próprios. É uma mudança para a qual ainda não estamos preparados para introduzir no país.

Mesmo não existindo grandes diferenciações na infraestrutura e nos serviços hospitalares, em diferentes países, detalhes como os citados não costumam ser aceitos por estarem ligados a contaminação, risco de infecção dentre outras justificativas das autoridades de saúde. No entanto, tais hospitais não são diferentes dos demais, sendo também instituições acreditadas por organizações sérias como a *Joint Commission International*, cujos padrões de qualidade e segurança ao paciente são exemplares mundialmente, gozando inclusive de baixos índices de infecção hospitalar e altos índices de resolutividade. Dados que normalmente são utilizados por pessoas que procuram tratamento médico em outros países.

Embora muitos profissionais da saúde possam considerar inaceitável, restaurantes como McDonalds ou um *american bar* dentro de um hospital, analisando do ponto de vista de outros países, é igualmente inaceitável profissionais da saúde que utilizam a mesma roupa no trajeto de casa para o trabalho, atendendo o paciente e muitas vezes trabalhando em outro hospital com a mesma roupa (contaminação cruzada), e ainda retornando para o lar com incontáveis bactérias. Em grandes cidades, o jaleco tornou-se parte da vestimenta que confere *status* a quem o utiliza, sendo comum o profissional vesti-lo ao utilizar o transporte público normalmente superlotado nas grandes cidades tanto na ida quanto no retorno do hospital onde trabalha. Ou ainda utilizando equipamentos pessoais em mais de um paciente sem a devida esterilização, mais comum que se pensa em muitas clínicas, consultórios e hospitais, ou como objeto de decoração do pescoço.

No entanto, é de suma importância entender e respeitar aspectos culturais e administrativos adotados em diferentes países. Enquanto no hospital o médico cuida de vidas e a enfermagem cuida dos pacientes, no mesmo hospital o gestor administra uma empresa. O negócio é o mesmo, mas não pode ser confundido para que todos desenvolvam bem suas atividades.

A atual baixa competitividade brasileira no turismo médico internacional

Embora seja um país conhecido e reconhecido internacionalmente pela vastidão do território, riquezas naturais e povo hospitaleiro, o Brasil possui um histórico cultural de seguir os países mais desenvolvidos nas atividades que estão dando certo mesmo em segmentos onde possui liderança, nem sempre atuando com uma atitude empreendedora. Isso ocorre com o mau aproveitamento dos recursos naturais, com a exportação de produtos comoditizados de baixo valor agregado, e com a resistência em explorar as possibilidades que mercados relativamente novos como o do turismo de saúde, em franco crescimento no mundo e objetivo de políticas públicas de vários governos.

Apesar das mudanças tímidas ocorridas nos últimos anos com empresas brasileiras abrindo filiais ou comprando unidades de negócios em outros países, o montante ainda está aquém de um país do porte do Brasil. O problema é ainda maior quando a burocracia brasileira, corrupção ou o desinteresse de nossas autoridades desestimulam e até mesmo impedem que o país atue livremente no comércio internacional, desfavorecendo os exportadores e dificultando empresas e profissionais de outros países a atuarem aqui. Não é de se espantar que haja uma fuga de cérebros para países que oferecem oportunidades ou um terreno fértil para o desenvolvimento de novos projetos.

No caso do turismo médico ou turismo de saúde, até este momento há um conjunto de fatores que dificulta a participação plena do Brasil nesse segmento. Apesar de possuir profissionais renomados mundialmente, o país recebeu no último ano menos de 50 mil turistas de saúde enquanto outros países com infraestrutura inferior recebem centenas de milhares. Embora seja uma tarefa difícil enumerar todos os fatores complicadores e impeditivos que contribuem para esse cenário, os principais são:

- Falta de uma estratégia definida do setor privado, que seja comum a todos os hospitais, clínicas e demais provedores de serviços médicos. Diante deste quadro, cada provedor atua como imagina ser a melhor forma no mercado. Isoladamente, reduzem o alcance de sua divulgação e consequentemente as perspectivas de sucesso em outros mercados que não domina ou não é conhecido. Atuar em conjunto e com uma estratégia bem definida reduz os custos individuais de divulgação e aumenta as chances de retorno do investimento, especialmente para os chamados clusters de saúde.
- Notória indiferença do setor público pelo segmento e pelas atividades desenvolvidas dentro e fora do país. As ações do setor público quando ocorrem não são efetivas ou ainda deixam muito a desejar por não haver um trabalho conjunto com o setor privado para que surtam efeito. Como o governo não age adequadamente diante das oportunidades que surgem, cabe aos profissionais e empresas do setor privado serem empreendedores na busca dos seus mercados, na divulgação e venda dos seus serviços.

- Necessidade de esforços conjuntos e concatenado entre o setor público e privado. Embora ocorram tentativas, costumam ser isoladas em grandes eventos sem continuidade ou apresentação de resultados concretos. Não obstante a pouca transparência das ações, os resultados ficam aquém do ideal.
- Infraestrutura deficiente ou com problemas cuja solução não ultrapassa os limites do impossível. Situações comuns em todo o mundo podem se transformar em desestímulo ao turista quando ocorrem quase que simultaneamente como caos nos aeroportos, violência excessiva nos principais cartões postais do país, trânsito caótico, sistema de transporte deficiente, falta de estrutura nas cidades para receber quem fala outros idiomas, dentre outros motivos óbvios.
- Imagem ruim do país na mídia internacional. Infelizmente, parece que o mundo tem mais informações negativas que positivas do Brasil. É grande o número de turistas que se surpreendem e ficam deslumbrados ao chegar ao Brasil e descobrir que somos um país moderno e evoluído. Muito pouco ou nada é feito pelas autoridades para impedir a excessiva exposição negativa ou mesmo tentar melhorar a imagem no mundo.
- Hospitais sem foco definido ou uma marca própria e estabelecida, e que atraem os clientes que podem e como podem. Imaginam que vendendo uma imagem de eficiência em todas as especialidades médicas serão mais atraentes. Nada impede que um hospital tenha excelência em várias especialidades, mas precisa de uma identificação clara de que áreas se destacam acima dos demais, informando, por exemplo, altos índices de resolutividade ou de sucesso em determinados procedimentos.
- Sistemas de Acreditação nacional ou internacional pouco divulgado. Algumas instituições investem pequenas fortunas na obtenção de um selo de acreditação internacional para mantê-lo praticamente escondido. O fato de possuir tal confirmação de padrão de qualidade dos serviços não garante automaticamente a atração de clientes internacionais. É preciso que a instituição atue de forma positiva divulgando o selo junto com seus serviços e atrelando-o, muitas vezes, à sua própria imagem.
- Hospitais com falta de estrutura interna para receber pacientes de outros países, como pessoal especializado que fale fluentemente outros idiomas 24 horas por dia. Uma boa comunicação é crucial para que negócios sejam realizados, pois ruídos ou falhas podem colocar

tudo a perder. Em se tratando de saúde a situação é muito mais complexa, pois é a vida da pessoa que está sendo entregue a um médico, hospital e demais profissionais que são estranhos ao paciente. Infelizmente, em muitos hospitais que atendem pacientes de outros países sequer existe alguma sinalização em outros idiomas, preparam-se para atenuar o impacto cultural do paciente e nem sempre oferecem profissionais preparados para atender os clientes no momento em que estes necessitam.

- Falta de participação em associações e organizações internacionais que atuam no segmento ou promovem o turismo médico ou de saúde, onde profissionais experientes e com uma ampla rede de contatos pode inserir a instituição hospitalar dentro desse universo, reduzindo tempo e recursos que seriam utilizados de forma isolada. A inserção da instituição em guias internacionais e junto a facilitadores abre as portas para o mundo, auxiliando na divulgação e reduzindo a distância entre o futuro cliente e o hospital.
- Embora haja uma imagem do país no exterior ligado a determinadas especialidades médicas ou a áreas em que o Brasil é conhecido por sua excelência, não existe ainda uma "marca país" forte e bem definida no exterior no setor de saúde. A imagem hoje existente nas áreas de cirurgia plástica, ortodontia, ortopedia e inseminação artificial, foi construída com o tempo por profissionais que se destacaram e sem suporte governamental.
- Ausência de marketing direcionado no exterior, ou falar com o público-alvo nas principais cidades emissoras de consumidores de serviços médicos para solidificar a imagem junto às demais. Anúncios em revistas, jornais, programas de televisão e eventos em cidades como Londres e Nova York dentre outras, são essenciais para se tornar um destino conhecido.

E, principalmente, é necessária uma atitude empreendedora e a mudança da mentalidade prevalecente. Dificilmente boas oportunidades chegam sem esforços, e muito menos se não houver uma mudança de mentalidade de empresários e do governo. Inovar constantemente e quebrar velhos paradigmas são essenciais para uma instituição ou um país se tornar competitivo no mercado global. A sociedade tem exigido novos padrões de hospitalidade e atendimento voltados para o conforto, luxo e acesso a meios pouco convencionais como atividades culturais e de lazer como complemento a muitos pacotes de tratamento médico em outros países. O mesmo ocorre com a infraestrutura hospitalar e suas acomodações, que se aproximam do sistema adotado nos hotéis. A hotelaria tornou-se essencial como diferencial do tratamento médico que se tornou uma *commodity* internacional. Adequar a instituição aos padrões internacionais de hospitalidade não apenas a tornará atrativa como competitiva no mercado internacional.

O que seria um dos maiores problemas para o país, na verdade, não tem um impacto tão grande, o preço. O Brasil é um país caro para o turismo médico, pelos valores cobrados nos procedimentos que em alguns casos aproximam-se dos valores americanos. Porém, fatores como a qualidade, proximidade com os polos emissores, e imagem de liderança em diversos segmentos da medicina o torna preferido em relação a outros países cujo preço é menor. Há também a rejeição cultural, onde o paciente prefere pagar mais caro no Brasil, a realizar o procedimento em países asiáticos ou do Oriente Médio. Em resumo, os maiores problemas ainda são o pouco envolvimento, apoio e estímulo do governo e pequeno interesse dos administradores hospitalares em aumentar sua participação nesse rentável segmento de mercado. No entanto, trata-se de um cenário que já está apresentando mudanças com algumas iniciativas dos principais hospitais brasileiros.

Capítulo 7

PAÍSES QUE ATUAM NO TURISMO MÉDICO MUNDIAL E CARACTERÍSTICAS QUE OS DIFERENCIAM DOS DEMAIS

Tendo em vista o aumento da importância da atividade para o mercado de saúde e de turismo atualmente, é de suma importância conhecer os principais países que atuam em determinados segmentos, quais são as especialidades médicas que os tornaram conhecidos e principais operadores (facilitadores) que atuam levando pacientes para tratamento. A lista que segue serve de referência básica para profissionais e interessados em conhecer mais sobre a atividade, assim como obter os principais dados de contato, seja paciente ou empreendedor interessado em buscar ou disponibilizar os seus serviços para a comunidade internacional.

Alguns destinos são mais populares que outros, embora atuem com as mesmas especialidades. Os destinos mais comuns para quem realiza cirurgias plásticas fora dos Estados Unidos continua sendo o Brasil, Argentina, Colômbia, Cuba, Costa Rica, México, Turquia e mais recentemente o Chile e o Uruguai. Para quem procura os demais procedimentos médicos, os países são a Tailândia, Índia, Cingapura, África do Sul, Filipinas e mais recentemente a China e Dubai nos Emirados Árabes Unidos. Não se trata de uma lista completa, apenas as principais indicações e também as mais populares conhecidas internacionalmente. Muitos outros países também atuam com o turismo médico na Europa e Ásia de forma regionalizada, embora com menor participação no cenário internacional.

Como este não é necessariamente apenas um guia, abaixo está uma amostra de alguns países que atuam com o turismo médico e de saúde. Uma visita às páginas dos principais facilitadores na internet mostrará o universo de países e provedores existentes.

África do Sul

Especialidades médicas:
Cirurgia cardiovascular, cirurgia geral, cirurgia plástica, ortopedia, ortodontia, oftalmologia e tratamento para viciados em drogas e álcool.

Observações:
É referência em cardiologia, sendo conhecida internacionalmente devido ao primeiro transplante de coração realizado pelo Dr. Christiaan Barnard em 1967. O hospital "Christiaan Barnard Memorial Hospital" é especializado também em transplantes de outros órgãos, e recebe artistas de renome e chefes de estado de várias partes do mundo, e que desejam realizar cirurgias permanecendo anônimos à mídia. É um dos países que são referência internacional no turismo médico, atraindo uma demanda principalmente dos países do continente africano.

Facilitadores:
- **Surgeon Safari:** 158 Mount Street, Bryanston, Johannesburg, South Africa. www.surgeon-and-safari.co.za
- **Surgical Attractions:** 45 Bristol Road, Parkwood, Johannesburg, Guteng, South Africa. www.surgicalattractions.com

Antigua e Barbados (Caribe)

Especialidades médicas:
Tratamento para viciados, fertilidade e/ou reprodução assistida.

Observações:
Tornou-se referência no tratamento de viciados, após o músico Eric Clapton fundar um centro de tratamento de viciados (Crossroads Cen-

tre) na ilha de Antigua, atraindo a atenção internacional e se tornando um dos destinos para quem deseja tratar dependentes químicos e do alcoolismo. A ilha de Barbados também é conhecida pelo sucesso nos tratamentos para a infertilidade.

Facilitadores:
Captação por indicação e busca individual dos pacientes e parceiros profissionais do centro. Agentes e operadores indicam o destino.
www.crossroadsantigua.org/professional_partners

Brasil

Especialidades médicas:
Cirurgias plásticas, ortodônticas, bariátrica, fertilidade e/ou reprodução assistida. Oferecendo outras especialidades, porém sem grande inserção internacional.

Observações:
O Brasil é uma referência internacional para cirurgia plástica, pela qualidade e resultados obtidos. Possui excelência em outras áreas, porém apresenta uma grande desvantagem em relação aos demais países que é a baixa competitividade devido os preços cobrados. Também tornou-se referência internacional ao possuir o primeiro hospital acreditado pela *Joint Commission International* (JCI) fora dos Estados Unidos. Atualmente possui quase uma dezena de hospitais acreditados pela JCI, e numerosos outros acreditados por organizações acreditadoras nacionais e internacionais, como a canadense.

De acordo com a Sociedade Brasileira de Cirurgia Plástica (SBCP), de setembro de 2007 a agosto de 2008, foram realizadas no Brasil 457 mil cirurgias estéticas, ou 1.252 por dia; sendo 3% ou ainda 20 mil para estrangeiros. Foram realizadas outras 172 mil cirurgias reparadoras no mesmo período.

Facilitadores:
Sphera International: Rua Principado de Mônaco 217 / São Paulo 01247-040 – Brasil - www.brazilmedicaltourism.com
Demais agentes e facilitadores indicam o país nas especialidades acima.

Cingapura

Especialidades médicas:

Cirurgia cardiovascular, cirurgia geral, neurologia, ortopedia, oncologia e tratamento com células-tronco.

Observações:

Embora seja bem menos conhecida que a Tailândia e a Índia na oferta de serviços médicos, o país recebe pacientes desde a década de 80, e apenas em 2005 recebeu aproximadamente 375 mil pacientes. Com uma expectativa de vida de 79,3 anos, sendo 81,3 anos para as mulheres e 77,4 anos para os homens, o sistema de saúde do país é o melhor em toda a Ásia e o sexto melhor no mundo.

O governo é um dos principais patrocinadores do turismo de saúde no país, estimulando a oferta de serviços médicos e ocupação de leitos ociosos. Com uma extensa rede de serviços médicos, mais de uma dezena de hospitais acreditados pela *Joint Commission International* (JCI), tornando-se o país com o maior número de hospitais acreditados fora dos Estados Unidos, há ainda parcerias com instituições como Duke Medical Center e John Hopkins.

Com planos ambiciosos, o governo pretende atrair mais de um milhão de pacientes por ano ao país. Apesar dos valores não serem tão competitivos quanto outros concorrentes, a qualidade do cuidado médico e o alto nível de medicina praticada tornou o país uma referência de alto padrão na medicina internacional, reconhecida pela Organização Mundial de Saúde.

Facilitadores:

- **Global Choice Healthcare:** 9200 San Mateo Blvd NE, Albuquerque, NM, 87114. www.gchcare.com
- **Planet Hospital:** 23679 Calabasas Road, Suite 150, Calabasas, CA 91302. www.planethospital.com

Costa Rica

Especialidades médicas:

Cirurgia plástica, tratamento ortodôntico, ortopedia, oftalmologia e bariátrica.

Observações:

Recebe anualmente milhares de turistas americanos que procuram o país para atividades ligadas à natureza, e muitos retornam para realizar procedimentos médicos. Boa parte dos serviços médicos a estrangeiros são realizados em clínicas particulares, e nem sempre em grandes hospitais como os demais países. A proximidade com os Estados Unidos e o inglês falado amplamente, tornou o turismo médico um forte competidor do turismo na natureza, e um dos objetivos das autoridades do país.

Facilitadores:

- **Medical Tourism of Costa Rica:** Costa Rica Office, A.P. 459-1260, Escazu, Costa Rica. www.medicaltourismofcostarica.com

  Escritório nos EUA: 2219 Delancey Place, #2, Philadelphia, PA 19103.

- **Medical Tours International:** 6 forge Gate Drive G-7, Cold Spring, NY 10516. www.medicaltoursinternational.com

- **Planet Hospital:** 23679 Calabasas Road, Suite 150, Calabasas, CA 91302. www.planethospital.com

Cuba

Especialidades médicas:

Medicina tradicional, cirurgia geral, ortodontia, oftalmologia, dentre outras especialidades.

Observações:

Uma dos mais antigos destinos do turismo de saúde no mundo (há mais de 40 anos), Cuba não dispõe de hospitais de alto padrão com aparato tecnológico de última geração, mas oferece médicos competentes e tratamentos eficazes a custos muito baixos.

Como as sanções impostas pelo governo americano à ilha impedem voos diretos dos EUA, numerosos americanos partem de outros países como Canadá ou da Europa. Ou ainda alcançam a ilha por barco e voos particulares. Devido aos problemas com o governo americano, os turistas americanos que procuram a ilha, não recebem nenhum carimbo de entrada no país, mantendo em sigilo sua estada e tratamento. A ilha é também procurada para tratamento por pacientes de outros países, atraídos por preços 80% inferiores aos dos Estados Unidos e Europa.

Facilitadores:
Devido a sanções impostas pelo governo americano à ilha, a procura por tratamentos ocorre na maioria por indicação, busca individual e escritórios localizados em alguns países.

Dubai (Emirados Árabes Unidos)

Especialidades médicas:
Cirurgia cardiovascular, dermatologia, ortopedia e oncologia.

Observações:
Apresentando um espantoso crescimento econômico, Dubai já recebe pacientes do próprio Oriente Médio e da Ásia. Com a construção de um mega-empreendimento especializado em saúde (Dubai Healthcare City). A cidade-estado pretende atrair pacientes de todas as partes do mundo com um complexo médico hospitalar, com um tamanho e montante de investimentos sem precedentes na história. Possui uma extensão da Universidade de Medicina de Harvard, e hospitais acreditados pela *Joint Commission International (JCI)*. Inicialmente o foco é atrair pacientes dos países próximos e que viajavam para os Estados Unidos e Ásia.

Facilitadores:
- **Planet Hospital:** 23679 Calabasas Road, Suite 150, Calabasas, CA 91302. www.planethospital.com

Índia

Especialidades médicas:

Cirurgias cardiovasculares, cirurgias plásticas, cirurgia geral, ortodontia, ortopedia, obesidade, oftalmologia e transplantes.

Observações:

Caracterizada por uma enorme infraestrutura de serviços de saúde espalhada pelas áreas de Nova Delhi, Mumbai, Bangalore e Chennai, a Índia forma anualmente aproximadamente 30 mil médicos e enfermeiras. O maior fornecedor de serviços médicos (Apollo Hospital) possui cerca de 7 mil leitos em 37 hospitais. Apenas o Apollo Hospitals/Chennai International Patient Service Center possui mais de mil leitos. Alguns hospitais são parceiros de centros de referência em medicina como John Hopkins International, Clínica Mayo, Instituto de Cardiologia de Cleveland entre outros.

Os hospitais do país apresentam outras características que atraem pacientes principalmente dos Estados Unidos, altos índices de sucesso dos procedimentos realizados como cirurgias cardíacas de 99,6%, ou ortopédicas de 99%. Apresenta também índices de sucesso em procedimentos cirúrgicos superiores aos de hospitais de países de primeiro mundo. Os baixos valores cobrados de numerosos procedimentos é outro atrativo. Vários hospitais são acreditados pela *Joint Commission International* (JCI).

Muitos outros pacientes procuram a Índia por tratamentos alternativos como a tradicional e milenar medicina "ayurveda". O governo tem procurado envidar esforços em tornar o país líder no turismo de saúde. A estimativa é que a Índia alcance um faturamento de 2 bilhões de dólares nos próximos anos. A região mais procurada para tratamentos médicos é a de Chennai (Sul do país), que atrai cerca de 45% da demanda internacional, e entre 30% a 40% da demanda doméstica dependendo do ano.

Facilitadores:

- **IndUSHealth:** 7413 Six Forks Road, Raleigh NC 276143. www.indushealth.com
- **MedRetreat:** 1121 Annapolis Road, PMB 160, Odenton, MD 21113. www.medretreat.com

- **Taj Medical Group:** The TechnoCentre, Coventry University, technology Park, Puma Way, Coventry, United Kingdom. www.tajmedical.com

  Escritório nos EUA: The Taj Medical Group: 408 W 57th Street, Suite 9N, New York, NY, 10019. www.tajmedicalgroup.com
- **Planet Hospital:** 23679 Calabasas Road, Suite 150, Calabasas, CA 91302. www.planethospital.com
- **Health Tourism Bangalore:** 64 2nd Main, 1st Block, Koramangala, Bangalore, India, 560 034.

  www.healthtourismbangalore.com/index.htm
- **Global Surgical Solutions:** P.O. Box 631278, Irving, TX 75063-1278. www.globalsurgicalsolutions.com
- **Meditours:** 1055 Gibson Road, Kelowna, BC, Canada. www.meditours.org

Malásia

Especialidades médicas:
Cirurgia cardiovascular, cirurgia plástica, cirurgia geral, células-tronco, fertilização e/ou reprodução assistida, ortodontia e oftalmologia, transplantes.

Observações:
Pouco conhecida como destino para tratamento médico, a Malásia possui ainda uma estrutura incipiente em comparação com seus concorrentes. Porém, apresenta como vantagem a língua inglesa largamente falada e tratamentos a custos muito menores que seus concorrentes, inclusive uma ampla gama de exames a valores excepcionalmente baixos.

Facilitadores:
- **Gorgeous Getaways:** 34 Fenwick Street, Melbourne, VIC, Austrália, 3068. www.gorgeousgetaways.com
- **Malaysia Healthcare Networks:** Cameron Towers, Blk. B, Unit 1006, Jalan 5/58B, Petaling Jaya, Selangor, Malysia. www.malaysiahealthcare.com
- **MedRetreat:** 1121 Annapolis Road, PMB 160, Odenton, MD 21113. www.medretreat.com

México

Especialidades médicas:
Cirurgia plástica, ortodontia, oftalmologia e bariátrica.

Observações:
Beneficiando-se de fazer fronteira com os Estados Unidos, recebe dezenas de milhares de americanos todos os anos para os mais diversos tratamentos, muitos realizando acompanhamentos regulares. Possui hospitais acreditados pela *Joint Commission International* (JCI), e uma demanda que está voltada na sua maioria para as clínicas e consultórios de alto padrão direcionados ao atendimento dessa clientela. A proximidade com vários estados americanos tem aumentado consideravelmente o número de americanos procurando serviços médicos no México, e levantado discussões acaloradas nos Estados fronteiriços, devido à fuga de pacientes dos consultórios de cidades americanas próximas à fronteira.

Outro motivo de discórdia tem sido o interesse em operadoras de saúde de credenciarem médicos e hospitais no México para atenderem seus pacientes reduzindo seus custos.

Facilitadores:
- **Global Choice Healthcare:** 9200 San Mateo Blvd NE, Albuquerque, NM, 87114 www.gchcare.com
- **Planet Hospital:** 23679 Calabasas Road, Suite 150, Calabasas, CA 91302. www.planethospital.com
- **Surgical Care International LLC:** 2385 NW Executive Center Drive, Suite 100, Boca Raton, FL 33431. www.surgicalcareinternational.com

Panamá

Especialidades médicas:
Cirurgia plástica, cirurgia cardiovascular, ortodontia, ortopedia, reprodução assistida e pneumologia.

Observações:
Crescendo rapidamente no cenário internacional, tem a vantagem da maioria dos seus profissionais ser bilíngue e a moeda corrente ser o dólar americano. Além do baixo custo dos procedimentos, os hospitais do Panamá possuem acordos com hospitais americanos como John Hopkins International, Baptist Health International of Miami, Cleveland Clinic, Harvard Medical Faculty dentre outros.

Facilitadores:
Busca individualizada e contato direto com hospitais. A maioria dos facilitadores encaminha pacientes para o Panamá.

Tailândia

Especialidades médicas:
Cirurgia cardiovascular, cirurgia plástica, cirurgia de mudança de sexo, neurologia, ortopedia, oftalmologia, oncologia e bariátrica.

Observações:
Reconhecidamente um dos mais procurados destinos do turismo médico no mundo, a Tailândia possui hospitais com padrão de atendimento superior aos demais no mundo. O luxo e conforto oferecido ao paciente não encontram similaridade em outros lugares no mundo. Apenas o complexo hospitalar do hospital Bumrungrad atende mais pacientes que alguns países. Outros hospitais também oferecem uma infraestrutura completa com tradutores para vários idiomas como ocorre no grupo hospitalar Phyathai Hospitals.

Com procedimentos competitivos que chegam a custar até 10% do valor cobrado nos Estados Unidos, realizam de exames simples a cirurgias cardíacas de grande porte e transplantes de órgãos. Grande parte dos médicos que atuam nos hospitais possuem alguma formação ou especialização nos Estados Unidos ou Europa. Os principais hospitais são acreditados pela *Joint Commission International* (JCI).

Facilitadores:

- **Cosmetic Surgery Travel LLC:** 20701 North Scottsdale Road, Suite 107-478, Scottsdale, Arizona, 85255.

  www.cosmeticsurgerytravel.com

- **International Medical Resources:** (1) West Coast Office: 885 Scott Blvd, Suite 4, Santa Clara, CA 95050.

  (2) East Coast Office: 8250 Branch Road, Annandale, VA 22003.

  www.medinfoonline.com

- **MedRetreat:** 1121 Annapolis Road, PMB 160, Odenton, MD 21113. www.medretreat.com

Capítulo 8

PRINCIPAIS FACILITADORES DO TURISMO MÉDICO INTERNACIONAL

Diante do crescimento do mercado e necessidade de direcionamento para clientes e provedores de serviços médicos, é de grande importância conhecer os principais facilitadores que atuam com o turismo médico e de saúde, especialmente atendendo os destinos mais conhecidos. Este livro apresenta uma breve indicação das principais empresas e profissionais que atuam no mercado internacional, facilitando o contato de pessoas interessadas, profissionais, órgãos governamentais e instituições que desejam fazer parte deste universo. São alguns dos principais facilitadores que atuam auxiliando o paciente a encontrar o melhor hospital no país mais adequado às suas necessidades.

Advanced Medi Travel Pty Ltd	43 Cameron Crescent Kincumber NSW 2251 - Australia Telefone: + 61 2 43684340 Fax: +61 2 43684089 www.advancedmeditravel.com
Alpha Medical Tourism LTD **International Diagnostic &** **Treatment Day Clinic**	24 Shalva Savyon 56548 - Israel Telefone: 972 -(0)- 3-736-2679 Fax: 972 -(0)- 3-736-2707 www.alphamedicaltourism.com www.idtdc.net

ChoiceMed Pte. Ltd.	9 Tan Quee Lan Street, #02-02 TQL Suites 188098 Singapore Telefone: (65) 6884 9375 Fax: (65) 6884 9376 www.choicemed.com
Global Health Travel	80A O'Shannassy Street Sunbury, VIC 3429 - Australia Telefone: +613-9744-5872 Fax: +613-9740-4243 www.globalhealthtravel.com.au
Health & Leisure (H&L)	9th Floor Ayala Life-FGU Center Ayala Avenue, Makati City 1226 Philippines Telefone: + 632 813 4527 US Number: (818) 748-8735 Fax: + 632 840 0719 www.healthandleisure.net
Healthbase Healthcare Beyond Boundaries TM	287 Auburn Street Newton, MA 02466 - USA Telefone: 1-888-MY1-HLTH Telefone: 1-888-691-4584 (Toll Free) Telefone: 1-617-418-3436 (International) Fax: 1-800-986-9230 www.healthbase.com
Makewell Meditour Ltd	506-A, Kemp Plaza, Mindspace - Malad (w), Mumbai 400 064 - India Telefone: + 91 22 65166805 Fax: + 91 22 28773415 www.make-well.com

Medical Tourism Corporation Med Tourism Co, LLC	7000 Occidental Road Plano, TX 75025 USA Telefone: 1-800-661-2126 Fax: 800-661-2126 www.medicaltourismco.com
MedTral New Zealand	Mercy Specialist Center 100 Mountain Road, Epsom, Auckland 1149 - New Zealand Telefone: 64-9-623-6588 Fax: 64-9-6236587 www.medtral.com
North American Surgery, Inc.	1275 West 6th Ave, Suite 300 Vancouver, Canada V6H 1A6 Telefone: (866) 496-2764 Fax: (604) 738-1734 www.NorthAmericanSurgery.com
Overseas Medical Svc Canada Inc.	Th-Hollingshead 1771-1 Ave NW Calgary, AB T2N 0B2 - Canada Telefone: 403-283-4947 Fax: 403-283-2368 www.uniquehospitals.com
Patients Without Borders, LLC	304 Newbury Street, Suite 364 Boston, MA 02115 - USA Telefone: 800-290-0197 Fax: 617-437-9655 www.patientswithoutborders.us

Philippine Medical Tourism, Inc.	2nd Floor, Goodwill Building, 393 Sen, Gil Puyat Ave. Makati, Philippines 1200 Telefone: 632-897-5813 Fax: 632-898-3977 www.philmedtourism.com

Premier MedEscape LLC	4521 P.G.A. Blvd. #377 Palm Beach Gardens, Florida 33410 - USA Telefone: 561-776-5478 Fax: 561-776-5417 www.premiermedescape.com

Premium Health Solutions	Operngasse 2 Vienna, Austria - 1010 Telefone: +43 1 51651 83 Fax: +43 1 513 44 24 www.phs-austria.com

Restored Beauty Getaways	Suite 4/193 Guildford Road Maylands, Western Australia 6051 Telefone: +61 (8) 9371 7142 Fax: +461 (8) 9272 5417 www.restoredbeautygetaways.com

SAI Medical Group	S-51, J. Market, Rajouri Garden New Delhi, 110027 India Tel.: 91-11-45009940, 09811963845 Fax: 91-11-45009940 www.mdinindia.com

Serokolo Health Tourism (Pty) Ltd	1st Floor 26 Wellington Road, Parktown Johannesburg 2193 - South Africa Telefone: +27 11 484 6211 Fax: +27 11 484 8469 www.serokolo.co.za
Sphera International	Rua Principado de Monaco 217 São Paulo 01247-040 - Brasil Tel.: 55.11.3528-4545 / 9981-1358 Fax: 55.11.3528-4546 www.brazilmedicaltourism.com
Surgical Trip, LLC	7491 North Federal Highway, Suite C-5, #293 Boca Raton, FL 33487 - USA Telefone: (800)513-8996 www.SurgicalTrip.com
Vung Tau Tourist Sanatorium Medicoast	165 Thuy Van St. Thang Tam Ward Vung Tau City, Viet Nam Tel.: 84.64.853857 or 64.510756 Fax: 84.64.852395 www.medicoast.com.au
Well-Being Travel	71 Audrey Avenue Oyster Bay, NY 11771 - USA Telefone: (516) 624-0500 X2312 Fax: (516) 624-6024 www.travelsavers.com
The Wellness Travel Company Pte	17A Jalan Klapa 199329 Singapore Telefone: +65-6293-8990 Fax: +65-6293-8963 www.wellnesstravel.com

WorldMed Assist LLC	1230 Mountain Side Ct. Concord, CA 94521 - USA Telefone: 866-999-3848 Fax: 904-369-1044 www.worldmedassist.com

Bibliografia

ALBERT, David. *Medical tourism: Progress and Prospects*. Medical Tourism Magazine. Medical Tourism Association. USA. Issue 7, november 2008, pp. 16-18.

ANDRADE, Jose V. *Turismo: fundamentos e dimensões*. 6ª ed. São Paulo, Ática, 1999.

BOEGER, Marcelo. *Gestão em hotelaria hospitalar*. São Paulo: Atlas, 2003.

BOOKMAN, Milica Z; BOOKMAN, Karla R. *Medical tourism in developing countries*. New York/USA: Macmillan, 2007.

CASTELLI, Geraldo. *Hospitalidade: na perspectiva da gastronomia e da hotelaria*. São Paulo: Saraiva, 2005.

FONSECA, Diego. *Autonomia ou morte. Especial turismo. América Economia*, nº 310, outubro de 2005, pp. 56 a 65.

GODOI, Adalto F. *Hotelaria hospitalar e humanização no atendimento em hospitais*. 2ª ed. São Paulo: Ícone, 2008.

_____. *El turismo de salud: Una visión de la hospitalidad mundial. El Hospital*. Volumen 64, nº 6, diciembre 2008 – Enero 2009. Miami/FL-USA.

_____. *Brazil: An ongoing battle on the medical tourism platform. Medical Tourism Magazine*. Medical Tourism Association. USA. Issue 8, february 2009, pp. 23-25.

JAGYASI, Prem. *Defining Medical Tourism – Another Approach. Medical Tourism Magazine*. Medical Tourism Association. USA. Issue 6, august 2008 pp. 9-11.

LEMOS, Leandro de. *Turismo: que negócio é este?* 2ª ed. Campinas, SP: Papirus, 2005.

Manual internacional de padrões de certificação hospitalar. Consórcio Brasileiro de Acreditação de Sistemas e Serviços de Saúde. Rio de Janeiro: CBA, 2005.

Medical Tourism: consumers in search of value. 2008 Survey of Health Care Consumers. Deloitte Center for Health Solutions: Washington, DC, USA, 2008.

MOLINA, Ligia. *Busca pela perfeição. Revista da Saesp,* ed. 1. Sociedade de Anestesiologia do Estado de São Paulo. Editora Conteúdo, jan/fev/mar 2009, pp.16-26.

MOORE, Michael. *Sicko. Eat Dog Films.* Genius Products, llc. Dolby Digital. Color. English. 123 mins. The Weinstein Company. USA. 2007.

The future of public`s health in the 21st, Century. National Academies Press. 1ª ed. p. 364. Committee on Assuring the Health of the Public in the 21st Century, 2003.

UNCTAD Secretariat "International Trade in Health Services: Difficulties and opportunities for "Developing Countries", in UNCTAD-WHO Joint Publication, International Trade in Health Services, p. 13. April, 07, 1997.

VASCONCELLOS, Marco A. S. *Introdução a economia do turismo.* São Paulo: Saraiva, 2006.

WOODMAN, Josef. *Patients beyond borders.* Chapel Hill/USA: Healthy Travel Media, 2007.

WOOLHANDER, Steffie, *et al. Costs of health care administration in the United States and Canada.* The New England of Journal. Volume 349:768-775, number 8, August, 21, 2003.